李清照的人生哲學

——婉約人生

《中國人生叢書》前言

中國聖賢是一個神聖的群體。他們是思想智慧的化身，道德行爲的典範，進取成功的象徵。他們或者以自己的思想學說影響歷史，併構成民族性格與靈魂；或者他們本身即親身創造歷史，留下光照千秋的業績。

但歲月流轉，時代阻隔，語言亦發生文句變化。更不用說人生代代無窮已，歷來學問家詮釋演繹聖賢學說，形成衆多門戶相左的學派，同時又想應神化聖賢事跡。於是，聖賢便高居雲端，使常人可望不可及，只能奉爲神明，頂禮膜拜。

然而，消除阻隔，融匯古今，無論學問思想，或者智勇功業，如此二者常常並不是分離的，且必然是人生的，爲社會人生而存在的。這就是聖賢學說、智略、勇氣、運籌、奔走、苦鬥、成功的經驗、失敗的教訓，乃至道德文章，行爲風範，也體現爲一種切實的人生。因爲聖者賢者也是人。

這是一種存在，無須多說甚麼。但存在對每一個人來說並不意味著親切，也不意味著自覺。我想聖賢人生與我們這些凡夫俗子的人生加以聯繫。聖賢不正是一個凡夫俗子，經許多努力，經許多造就，才成其爲聖者賢者的嗎？

當然還有一個重要方面，時世使然矣，這就是歷經漫漫千年的中古時代，又歷經憂患求索的百年近代，世界文化已在衝擊中國人的生存方式。該如何確立中國人的人生路，我總認爲無論是作爲一種一脈相承的文化淵源，還是作爲一種參照與啓迪都莫如了解中國聖賢人生，莫如將我們平凡的人生從聖賢人生與學說找到佐證，找到圭臬。所謂古人不見今時月，今月曾經照古人。正是由此理解，由此思忖，我嘗試撰寫了《莊子的人生哲學》，問世以來即引起讀者的關注與歡迎。並且成爲我組織一套《中國人生叢書》的直接引線。

我大致想好了，依然如《莊子的人生哲學》一樣，一書寫一聖賢人物。我還不揣譾陋，以我的《莊子的人生哲學》爲範本，用一種隨筆的文體與筆調，古今結合，史論結合，聖賢人生與凡生結合，我還要求每一位作者對他所寫的聖賢人物，結合自己的人生閱歷對聖賢寫出獨特的人生體驗。我請了我的多位具卓越才識的朋友，他們都極熱心地加盟這套書的寫作，並至順利完成。

現在書將出版了，我需感謝我的朋友們、感謝揚智文化事業股份有限公司，希望更多的讀者喜歡他。

揚帆

《中國人生叢書》前言附語

《中國人生叢書》原先所寫的對象皆爲中國歷史上聖賢人物的人生哲學，例如老、莊、孔、孟等。因之《中國人生叢書》前言亦是交代這一部分書若干種的來由。

實際「中國人生」是一個含蓋更爲豐富廣闊的概念，這是明白的。因之，揚智文化事業股份有限公司的葉忠賢先生擬擴大它的規模，至少在內涵上應與「中國人生」更相符合些，這是自然的。無論是循名責實，還是作爲實業上的某種建樹，出版者這樣想都是順理成章的。當然，從讀者這方面考慮，中國人文史漫漫數千年，寫人生哲學也不應只有這幾位聖賢人物，應該給讀者更廣闊的視野，更寬廣的精神空間。此亦情理之中的事。如此，本叢書又引進《曹操的人生哲學》、《李白的人生哲學》、《商鞅的人生哲學》等諸種，相應說明如下：

1.原來《中國人生叢書》聖賢諸種再加現在諸種，即為《中國人生叢書》的全部。

2.後續所加人物，其人生品格與聖賢是有差別的，這一點不言自明。

3.為保持此叢書的形式統一，前言不變，特加此「附語」加以說明，亦祈讀者諸君明鑑。

揚帆

於廣濟居

目錄

女性當引以為驕傲

——代序

關於女性的話題

我沒考證是那位哲人說出「婦女頂起半邊天」這至理名言，卻要感謝他以樸實無華的語言，如此準確、充分地反映和確認婦女在自然世界和人類社會應有的地位。

在這個世界上，男人和女人本應該各自擁有自己的優勢，平分秋色，相互依賴，相互幫助，取長補短，女人和男人應該是平等的關係。

這樣說沒有人反對，做起來卻很困難。

回顧我國三千年的文明史，在人類早期的母系氏族，在生存環境極其艱難的條件下，女性曾經作爲生活的主宰，不僅承擔繁衍後代的義務，還要負責組織爲了生存而必須從事的勞動和與自然的鬥爭，她們一手遮天（一片完整的天而不只是半邊），男人處於從屬的地位。我想，母系氏族或許是充滿著愛的世界，但絕對不是完善的社會，女性統治的權力很快失落的歷史事實就證明這點。一旦生產力得到發展，勞動成果有了剩餘，男人便不服從領導，憑著他們生理上和體力方面的優勢，逐漸奪取了權力，女性退居從屬地位，僅僅承擔繁衍後代的任務。

漫長的封建社會，是以男人爲中心的社會。他們——無論是聰慧的或是愚蠢的；強有力的或是怯弱無能的；賢達的或是昏聵的——占領政治舞台，打過來、殺過去，於是改朝換代，成者王侯敗者寇，成功了自然是英雄豪傑，失敗了則不免把責任推在女人身上，罵她們是禍水。

我國歷史上偶爾也出現才能出衆的女性專權的現象，如漢的呂后、唐的武則天、清代的慈禧，她們深諳利用男人的弱點取而代之，權傾朝野，卻不免留下罵名。在爭權奪利的時候，她們所表現出來的毒辣和殘忍，令人髮指，即使是竭力鼓吹維護女權的人如我輩，也無法爲其行徑辯護。這不能不說是女性的悲哀，然而歷史畢竟是男人寫出來的。

漫長的封建社會阻礙了社會生產力的發展，同時也阻礙婦女施展她們的才智。在我國，數千年來，在各個領域中取得成就的婦女寥若晨星，即使成績斐然，也是不願意承認的，甚至還要吹毛求疵地加以詆誹。曠世才女李清照在文學創作方面是流芳百世的成功的典範，可她一生經歷坎坷，很帶悲劇色彩；甚至身後還要遭受譏誹和不公正的評價。

五四以來，無數仁人志士、革命先驅，為著婦女的解放事業，進行不屈不撓的鬥爭，雖經幾代人努力，婦女問題還不能徹底解決。虐殺女嬰、女童失學、買賣婚姻、賣淫嫖娼等社會醜惡現象層出不窮；在政治舞台上，婦女那半邊天還是男人在幫忙頂著，婦女充其量不過是點綴或陪襯；性別的歧視尚難避免，受高等教育的女性比例少，女性畢業生求職的難度大，……雖然如此，女性從來就沒有停止自己的努力，和發憤向命運抗爭。

女性最關心女性的命運，女性與女性息息相通，女性來談女性的話題，為的是爭取同等的地位和權利。

我們研究李清照，了解她的坎坷人生和感情世界，評估她的詩詞絕唱，我們為女性的成功喝采，以此鼓勵正在寂寞中奮鬥的知識婦女。

一位令人矚目的女性

在中國的文學史上，有一位令人矚目的、稱得上「偉大」的優秀的女作家、女詞人，她就是宋代的李清照。千百年來，後世人對她十分關注，尤其是五四以後，女權運動興起，她被重新評價，聲譽與日俱增，人們對她的興趣越來越濃厚。時下，無論在大陸，還是在台港地區，研究李清照及其作品的論文和專著連篇累牘，成果斐然。人們稱她為「婉約之宗」、「詞國女皇」、「詞后」、「詞聖」、「天生才女」、「絕代佳人」。在清照的故鄉濟南，人們甚至把她推崇為藕神供奉，以喻其天姿秀雅，出污泥而不染。美國、英國、瑞典、羅馬尼亞、日本、前蘇聯等都出版了李清照詞詩的譯本與研究專著；世界各國出版的主要百科全書，均列有李清照專條，例如法國出版的《基那百科詞典》，在介紹宋詞的條目中特別推崇李清照。英國《大不列顛百科全書》在評介宋代文學的條目中，認為李清照「是一位偉大的女詞人，在中國詞壇的第一流代表人物中，她應該名列前茅」。

李清照出身於書香門第，從小受到良好的家庭教育和文學熏陶，詩詞歌賦、琴棋書畫，門門精通，造詣高深，我們感嘆於李清照的天賦，也不得不欽佩她父親李格非的民主意識和前瞻的教育思想，培養出如此多才多藝的優秀女性。宋代的詞壇宿將蘇軾、黃庭堅、秦觀、張來、周邦彥等幾乎都是李格非的朋友，李清照接受他們的影響是不言而喻的。她勤奮好學，我們切不能忽視她對於文學創作的執著與虔誠，由此可知，李清照的著作絕對不在少數。明代焦竑編著的《國史經籍志》證實，《李易安集》有十三卷之多，其中七卷詩文，六卷詞作。令人扼腕嘆息的是，這些著述散失殆盡，這眞是件讓後世人痛心疾首而又無可奈何的事！流傳於世的《漱玉集》詞一卷，李清照的詞作僅四十餘首。如果不是戰亂使然，我們只能從輕視婦女的傳統上去找原因。流傳至今的詞畢竟太少，卻沒有一首不是精金粹玉之作，是不可多得的文學瑰寶。無論在意境方面，還是風格方面，李清照的詞作可以說是「前無古人，後無來者」，字字句句顯露出作者的天才和靈氣。她是遵循著詞的一切規律來創作的，重視音律，精練字句，工於造語，且多用白話，看來都是淺俗的字句，一經她手，便化腐朽為神奇，成了絕妙好詞。李清照的詞獨樹一幟，開創了令後世人爭相效法的「李易安體」，生前已經有人摹仿，死後仿效的人就更多了，辛棄疾就是其中之一。

李清照的詞寫得大膽、真率、深沉，最能表現女性的細膩感受和優美情調，在她生前和生後的一切男性詞人、詩人所描寫的離愁、相思、閨怨，和李清照相比，都要黯然失色。

李清照是女性的驕傲。

中國婦女命運之一斑

古代中國婦女的命運，除了為數極少的「女強人」如武則天、穆桂英、花木蘭之外，絕大多數是被損害、受壓抑的悲劇型的形象，諸如秦香蓮、祝英台、林黛玉等等，就連潘金蓮，也屬於此類。而李清照的命運又如何？

縱觀李清照的一生，可以說是以喜劇為開始，以悲劇告終。

李清照是封建士大夫家庭的千金小姐，父母對她寵愛有加，她得到了在那個時候只有男孩才可能得到的重視和全面的教育，她有一個幸福的童年和少女時代。說到這裡，我們不得不欽佩李格非夫婦的開明和前瞻的教育思想，作為父母，並未用封建禮教去禁錮女兒的思想，任其天性自由發展。蹴秋千、鬥百草、蕩舟湖上、踏雪賞梅、郊遊等活動，使李清照走出深閨大院，接觸大自然，接觸社會，這為李清照的文學創作打下了堅實的基礎。

李清照的婚姻，也帶喜劇色彩。雖是父母之命的婚姻，加上天意夢授的神祕色彩，畢竟令李清照滿意，丈夫趙明誠並不鄙俗，婚後感情甚篤，志同道合。像清照這樣的才女佳人，亦具有吸引丈夫的魅力。

在封建社會，女性缺乏獨立的人格，李清照也不例外。她的才華和影響高於丈夫，然而在家庭中，只能服從於丈夫的事業，作金石研究的助手。隨著時間的推移，熾熱的夫妻感情逐漸地冷卻，紅顏不再，色衰愛弛，丈夫移情別戀。對於古代婦女來說，這是致命的打擊。我們從李清照婚後的詞作透露出的信息得知：丈夫經常宦遊在外，甚至三年兩載見不著面，她守著十五間房子的金石文物，寂寞難耐，聲聲呼喚歸來。經考證，趙明誠在外面蓄有姬妾，這在當時不足為怪，李清照在作品中絕無譴責，只是竭力表達相思的痛苦和內心的失落與惶恐。這種對愛情的忠誠與執著，令古往今來無數的多情女子產生強烈的共鳴。

在中國古代，即使是婚戀問題，也無男女平等可言，女性處於被動的地位。我們設想，李清照若生在現代，一位這麼優秀的女作家，聞名遐邇，且才貌雙全，嫁了丈夫趙明誠，雖是「名門子弟」，卻有許多不足：

1. 雖是學者，著述不豐。
2. 做官不算能幹，屢遭貶謫，並無建樹。
3. 在關鍵時刻，責任心不強。
4. 用情不專一。
5. 身體不健壯。
6. 性格急躁。

若現在，李清照不提出分手算是寬容的了，何至於爲他痛苦不堪？所以說，李清照的愛情悲劇烙上了深深的時代的烙印。

李清照的悲劇人生，指的便是她中年、老年的孤苦無依、景況淒涼之狀。趙明誠英年早逝，李清照沒有子嗣，尤其是戰亂使她飽嘗顛沛流離之苦，再婚遭遇不良之才，離婚的官司打到朝廷……。

作為朝廷的命婦、宰相家的兒媳的李清照，命運尚且如此悲慘，窺一斑可知全貌，其他階層的婦女就更不用說了。

女性寫女性真愜意

我們和李清照相距一千年的時空，雖然歷史背景、社會性質和生活環境大相徑庭，然而同為女性，我們的心靈息息相通。

記得幼年，圍爐向火時，母親教我讀「雪裡已知春信至……莫辭醉，此花不與群花比」（《漁家傲》）；一夜風雨之後，母親又教我讀「昨夜雨疏風驟……知否？知否？應是綠肥紅瘦。」（《如夢令》）；然而她最喜歡的還是《聲聲慢》，我自然早早地接觸了這首並不適合兒童的詞作。隨著歲月的流逝，我歷盡滄桑，對清照的詞感受更深、愛得更深。不僅產生強烈的共鳴，同時也產生了對這位優秀女性的無限敬仰和崇拜。

承蒙海峽彼岸的葉先生真誠邀請，我欣然答應為他的出版社寫李清照，覺得能為這位偉大的女性寫點什麼，是十分愉快、愜意的事。於是我著手準備，首先是搜集資料，然而光熟悉這些材料便花了我很長的時間，接著又著手寫提綱，忙得不亦樂乎，進展卻很慢，我經受了一股前所未有的壓力。過去我寫兒童文學、小說、散文、報告文學之類，並不覺得有什麼壓力。另外，目前我就職的這家出版社，由於事業的發展，一年比一年忙，把我所有的時間搭上還嫌不夠的，就這樣我決定找一位寫作者幫忙；而遠在黃石的舒靜便是最佳人選。關於她，我要多說幾句。

舒靜是我看著長大的。她父親學物理，母親學機械，她學中文，愛好文學多少還受我這阿姨的影響。她自小聰明活潑，在文學方面悟性極高。她酷愛李清照的詞作，一談起來便滔滔不絕，很有見地。她是父母的獨生女，無憂無慮地長大，卻經歷了一段令她黯然神傷、痛心不已的婚姻，據說丈夫是一個責任心不強的人，相處數年不得不分手，舒靜只要了兒子帶回娘家，每個月都要爲追索兒子的生活費大傷腦筋，費口舌去交涉……因爲哭過長夜，小舒靜成熟了，能幹了，有了女性的追求與執著。

我們愉快地合作，熱線電話不斷，需要時她還請假過來住一段，切磋書稿的內容。我們都不願杜撰一部李清照的故事，市面上已經出現了許多類似故事的版本。唐敏女士的《紅瘦》一九九七年剛剛出版就寄來一本，長篇，寫得很不錯，我們卻不能按她的路子走。

經過三年的努力，書稿終於完成了。舒靜就職於一所中等學校，教學和當班主任，她是優秀的教師，她是痴心的媽媽，所以她的忙碌不亞於我，我不斷地把任務交給她，可眞難爲她，完成這部書稿，她的功勞比我大。

我們力圖在讀者面前呈現一個眞實的李清照，一個偉大、成功、優秀的中國婦女的形象；我們力圖讓她的動人篇章，千古絕唱，被所有的中國人了解、傳頌。不知道能否達到這個目的，我們內心非常惶恐。

從公務、家務的百忙之中擠出時間撰寫文稿，疏漏在所難免，懇請廣大讀者、專家教授賜教，亦請編輯老師斧正，致以謝忱。

余莲芳於武昌東湖之濱

一九九八・三・二十八深夜

此花不與群花比——李清照自畫像

素約小腰身，不奈傷春。疏梅影下晚妝新。裊裊婷婷何樣似？一縷輕雲。

歌巧動朱脣，字字嬌嗔。桃花深徑一通津，悵望遙臺清夜月，還送歸輪。

——《浪淘沙‧素約小腰身》

繡面芙蓉一笑開，斜飛寶鴨襯香腮，眼波纔動被人猜。

一面風情深有韻，半牋嬌恨寄幽懷，月移花影約重來。

——《浣溪沙‧繡面芙蓉一笑開》

十九世紀，法國兩位作家——福樓拜和喬治·桑，曾在一八七五年展開一場不大不小的爭論。

福樓拜堅持他對小說的觀點，他說：「藝術家不該在他的作品裡面露面，就像上帝不該在自然裡面露面一樣。」

他這話或許說得絕對了點兒。

有些作家在塑造人物時往往帶有自己的影子。譬如，列夫·托爾斯泰塑造了一系列帶有自傳性的懺悔貴族形象——《安娜·卡列妮娜》中的列文，《復活》中的涅赫留朵夫……等等。

歌德以自身經歷塑造出的穿黃背心的少年維特的形象，風靡了全世界。

莫泊桑洋洋自得的以他的長篇小說《俊友》中的主人翁自稱——漂亮的朋友。

然而，不能否認的是，福樓拜的話歸納了小說創作的一個重要特點——小說家所努力塑造的典型人物，其中即使有小說作者自己的影子，他也不肯坦白地說出來。彷彿自己是一個冷眼旁觀的第三者。

最典型的例子是《紅樓夢》的作者曹雪芹。明明那主角賈寶玉是自己的影子，明明那作品是他花費十年心血寫就，他卻把寫書的人說成是什麼「石兄」，由「空空道人」抄來，而曹雪芹自己不過是拿來批閱增刪罷了。

同小說家的迴避相反，抒情詩人所全力以赴的，卻是塑造自己的形象。他不僅不應該避開自己，反而要把自己的靈魂充分顯示，而且顯示得越鮮明、越有個性就越好，似乎可以說，在這一點上，劃開了抒情詩人與小說家的一道鴻溝。

從這個角度，我們去研究李清照，就可以清楚地看到，她用自己的作品，從不同的側面、不同的年齡、不同的環境、不同的情感心境，爲自己畫了許多幅多姿多彩、栩栩如生的自畫像。

我們不妨說——

她是天眞爛漫的純情少女；

她是風情萬種的俏佳人；

她是溫婉多情的妻子；

她是愛飲酒、恃才傲物的名士；
她是賞花惜花、踏雪愛詩的雅士；
她是書齋嚴謹的學者；
她是藝術通才；
她是詞家大宗；
她是飽經憂患的貴婦人；
她是赤誠的愛國者；
她是封建禮教的叛逆者；
她是中國文學史上唯一當得起「偉大」兩個字的女作家；
……

這樣一個性格鮮明的人物，絕不會比她同時代的或者不同時代的文學界精英人物遜色。

一面風情深有韻

李清照的形態、外貌是怎麼樣的？

她有著纖細的腰身，潔白如玉的肌膚，如波的眸子，是個風姿綽約，儀態萬方的可愛女子，她十分注重外表，喜歡修飾，常施脂粉，而且愛用梅花裝飾髮型。

素約小腰身，不奈傷春。疏梅影下晚妝新。裊裊婷婷何樣似？一縷輕雲。

——《浪淘沙・素約小腰身》

詞中說疏影橫斜的梅影映襯著一位著新美的晚妝的女郎。她腰肢纖裊、亭亭玉立、體態輕盈、婀娜多姿，在無邊的風月下，像一縷飄逸的輕雲。

她是那麼的綽約多姿、儀態萬方。她那嬌小的身心怎麼禁受得了灼人的傷春情懷？

沒有哪個女作家像清照那樣率眞、大膽地誇讚自己的外貌，寫出自己內心的眞情實感。她實在是個風情萬種的俏佳人。

自古以來，人們就發現含情帶笑的女子是最美麗動人的。

早在《詩經・碩人》中就有用「巧笑倩兮，美目盼兮」的詩句來描繪美女的。

唐代白居易《長恨歌》中有「芙蓉如面柳如眉」，「回眸一笑百媚生」的詞句來誇讚楊貴妃的美。

李清照有一首《浣溪沙》詞，她爲詞中女主人翁的肖像描寫顯然受到前輩詩人的影響，可她青出於藍而勝於藍。

繡面芙蓉一笑開，斜飛寶鴨襯香腮，眼波才動被人猜。
一面風情深有韻，半牋嬌恨寄幽懷，月移花影約重來。
——《浣溪沙・繡面芙蓉一笑開》

詞中說那年輕女郎的笑容像綻開的芙蓉那樣嫵媚，頭上斜插的寶釵，更映襯得她那美麗的面龐神采飛揚，容光照人。

這幅肖像描寫細膩生動，給人以清晰、深刻的印象，但最妙的一句是「眼波才動被人猜」——女郎含情脈脈的明眸，是她心靈的鏡子，剛剛轉動，就被人窺測到她的心意。這句詞精彩地描繪了戀愛中女子的心理。

處在熱戀中的青年男女、感情活動自然異常複雜；而眼睛最能「洩露」他們心靈的「秘密」，因爲它流露出掩藏不住的幸福和熱情，別人也往往透過戀人們的眼光窺見他們的隱情。

這時的女子又是最敏感的，她越是怕洩露自己的心事，就越是覺得人們彷彿都在注意她，只要她一動眼光，人家就會猜到她的秘密。

這一句確是神來之筆。

清代徐釚《詞苑叢談》云：「詞雖以險麗爲工，實不如本色語之妙也，如易安『眼波才動被人猜』。」

清代吳衡照《蓮子居詞話》云：「易安『眼波才動被人猜』，矜持得妙。」

因此，此句成爲膾炙人口的名句。

詞下闋，「一面風情深有韻」，有承前啓後之妙。上闋所寫的女郎，滿臉的風采情韻，儀容俏麗，她在下闋詞中，拿了一張信箋，含羞帶喜、佯嗔帶怨地憑倚半箋書信，婉曲地道出了自己的心事，約她的心上人在月明之夜，在花影婆娑的時候，再來相會。

這位處在戀愛中的女子，從外貌到內心都是美麗的，被作者刻劃得淋漓盡致。

「月移花影約重來」，這用了一個愛情典故——崔鶯鶯約張生幽會的故事。在唐代元稹的長詩裡面，對青年男女的戀愛是抱著否定的態度的，他的主題是「始亂終棄」。

可李清照卻用讚美的筆觸來描寫男女愛情。詞中那位處在戀愛中的女子，從外貌到內心都是美麗的，她無視於封建禮法，主動寫信給自己的心上人傾述衷腸，相約再會。這無疑是對封建禮教的蔑視和反抗，這對於名門閨秀來說，實在難能可貴！而這種態度，恰恰反映了清照性格中的叛逆性，是她思想中的閃光點。

106-

台北市新生南路3段88號5F之6

揚智文化事業股份有限公司 收

姓名：

地址：

市 縣

鄉鎮 市區

路(街) 段 巷 弄 號 樓

(請用阿拉伯數字書寫郵遞區號)

電話：( )

FAX：

□揚智文化公司　□亞太出版社　□生智出版社

謝謝您購買這本書。

爲加強對讀者的服務，請您詳細填寫本卡各欄資料，投入郵筒寄回給我們（免貼郵票）。

您購買的書名：________________

購買書店：________ 市/縣 ________ 書店

性　　別：□男　□女

婚　　姻：□已婚　□未婚

生　　日：___年___月___日

職　　業：□①製造業　□②銷售業　□③金融業　□④資訊業
□⑤學生　□⑥大衆傳播　□⑦自由業　□⑧服務業
□⑨軍警　□⑩公　□⑪教　□⑫其他________

教育程度：□①高中以下（含高中）　□②大專　□③研究所

職 位 別：□①負責人　□②高階主管　□③中級主管
□④一般職員　□⑤專業人員

您通常以何種方式購書？

□①逛書店　□②劃撥郵購　□③電話訂購　□④傳眞訂購
□⑤團體訂購　□⑥其他

對我們的建議

清照這首《浣溪沙·繡面芙蓉一笑開》，寫得格調歡快俊朗，語言活潑自然，人物美麗傳神，情感熱烈大膽，是描寫愛情的絕妙好詞。當然，這首詞遭到非議也是不可避免的，幾千年的封建社會，自有許多對女子的規範。

以上兩詞雖然不能確切說是清照的自我寫實，可詞中所流露的讚賞之情體現了清照的思想和個性。詞中女主人翁的形象無疑帶有清照自己的影子。

她爲自己畫了一幅多麼美麗可愛的自畫像。無疑地，清照是個甚解風情的可人兒。

請看她的《減字木蘭花》詞：

賣花擔上，買得一枝春欲放。淚染輕勻，猶帶彤霞曉露痕。

怕郎猜道，奴面不如花面好。雲鬢斜簪，徒要教郎比並看。

——《減字木蘭花·賣花擔上》

這首詞寫得活潑、俏麗，寫出了年輕的李清照的幸福心情。

她借花撒嬌弄痴，要讓情郎品評一下，自己與鮮花到底那個漂亮。

可見清照對自己美貌的自負。

整首詞，無一句直接描繪女子的容貌，但她那羞花閉月的美貌和嬌憨純眞的情態，卻藉由花的映襯，出神入化地表現出來。

無論多剛硬的男兒在這樣一位活潑、嬌美的女郎面前都會化爲繞指柔的。

在李清照以前也有寫少婦與花比美的，題意如出一轍，但各有千秋。

唐五代詞裡有一首無名氏的《菩薩蠻》：

牡丹含露珍珠顆，美人折向庭前過。含笑問檀郎：花強妾貌強？

檀郎故相惱，須道花枝好。一面發嬌嗔，碎挼花打人。

——《無名氏‧菩薩蠻》

這首詞比李詞寫得更加感情奔放、熱烈、粗獷。

詞中男女兩人表情都很直露：一個是「檀郎故相惱」，故意氣一氣她；一個是「碎挼花打人」，她也像是眞的生氣了，不僅將花揉碎了，而且還用碎花來「打人」！

不過，這一切都是嬌嗔、是撒嬌、是鬧著玩的。這樣，把幸福的愛情生活描寫得有聲有色。

雖然，沒有一個字寫少婦的美，可是她的美是可以想像到的，絕不是花貌比女強。

在她的愛人看來，她的「嬌嗔」不也是美的麼?不然，就不會有那句違心之言了。然而，這首詞帶有很重的市民文學氣息。

宋初詞人張先也有一首《菩薩蠻》，和無名氏的詞幾乎一樣：

牡丹含露珍珠顆，美人折向簾前過。含笑問檀郎：花強妾貌強?

檀郎故相惱，剛道花枝好。花若勝如奴，花還解語無?

——《張先・菩薩蠻》

這詞中的少婦脾氣很大，檀郎只是「剛道花枝好」，她一下子就不高興了。反問道：「花若勝如奴，花還解語無?」

她雖然沒有「發嬌嗔」，也沒有「碎挼花打人」，但顯得很嬌氣，小心眼兒，失去了女人藉花撒嬌弄痴的嬌美韻味。

與她們相比，清照詞中的少婦要矜持、端莊得多。她態度嫻雅、大方、開朗、風趣、艷而不謔，足可見其大家閨秀的身分。清照一生愛梅，這首詞也表現出她的這一偏愛。唐五代無名氏和張先的詞，詞中少婦都是與牡丹花比美，而清照詞中的少婦卻是簪梅花，與梅比美。從對花的選擇，就可見出各詞作者思想境界的不同。

李白有三首寫牡丹花與楊貴妃的《清平調》詩非常著名，他將牡丹花和楊貴妃交互在一起寫，花即是人，人即是花，同蒙君王的恩澤。然而，她們倆——花與妃實質上是屬於男子的玩物。

宋詩人林甫林和靖素有「梅妻鶴子」之謂。梅是隱士君子的伴侶，可見梅的高雅純潔，不同凡俗。

李清照的簪梅之舉，不也暗含著她是君子的好伴侶的潛台詞嗎？

李清照身為封建社會貴族女子，寫的詞篇沒有一點兒冷冰冰、枯燥乏味的封建禮教氣味。她是感情豐富、情趣盎然的活生生的俏佳人：

她具有女性身上最優美的一切長處。

她是個女性味十足的完美的女人。

再看她的一首詠梅詞《漁家傲·雪裡已知春信至》，詞中的梅花乃是作者自我形象的縮影，亦花亦人，形神宛肖：

雪裡已知春信至。寒梅點綴瓊枝膩。香臉半開嬌旖旎。當庭際，玉人浴出新妝洗。

造化可能偏有意，故教明月玲瓏地。共賞金尊沉綠蟻，莫辭醉，此花不與群花比。

——《漁家傲·雪裡已知春信至》

詞中描寫的是初開的春梅。

這梅有一副令人陶醉的「香臉」；有令人傾倒的柔美嫵媚的情態，亭亭玉立，猶如新出浴的玉女，高雅芳潔，一塵不染。

這不也正是青春年少，沉醉在愛河中的作者的自畫像嗎！淡淡幾筆，勾畫出一幅清新、恬靜，散發著青春氣息的水墨畫。

在這樣花好月圓之時，嬌美的女詞人邀請她的丈夫賞花共酌。活潑美麗的女詞人笑吟吟地舉起酒杯說：「舉杯吧！讓金樽綠酒共領春梅意。別怕醉！別的花兒可不能同梅花比。」

此時，明月分輝，把人面花光渾融一片，令人陶醉。

李清照是個純粹的抒情詩人，她的作品反映著她的個性、情感和生活。從這些詞作中可以見出她的個性的活潑、大膽、率眞、任性，也可見出她的自尊與傲氣。

她不認爲身爲女性是可悲、可憐之事，她誇讚著自己優美的體態和容貌，驕傲地認爲自己是「此花不與群花比」。

她熱烈奔放地歌頌著愛情、追求著愛情、創造著愛情。

在婦女毫無獨立人格的年代裡，她敢於寫出「月移花影約重來」的詞句，令人爲之嘆服。

李清照實在是個具有現代自由思想的封建貴婦人。

柔腸一寸愁千縷

李清照雖然才華卓著，生機勃勃，可她亦如千千萬萬的封建時代的婦女一樣；只能在深閨中消磨掉聰明才智、生命年華。

既然她生活在那個時代，就必然擺脫不了在家庭中受壓抑的地位，必然擺脫不了終生依附丈夫和家庭的地位。

因此，丈夫的愛情是她生活的唯一依靠和精神寄託。

而花開花謝的殘酷的自然規律不能不在她的心頭引起驚心的觸痛。

當她紅顏不再時，她的丈夫是否也會移情別戀？

寂寞深閨，柔腸一寸愁千縷。惜春春去，幾點催花雨。
倚遍闌干，只是無情緒。人何處？連天芳草，望斷歸來路。

——《點絳唇·寂寞深閨》

旖旎的春天歸去了，美好的青春年華流逝了，佳人的紅顏漸老，我們多情的女詞人也不可避免地被推進了千年的閨怨中。

她愁緒萬千，柔腸寸斷，登樓望遠，唯見連天芳草，卻不見她思念的人兒的踪影。

他爲什麼不歸？他何時才回？

在李清照的詞集中，這類寫閨愁的作品占了絕大多數的篇幅。有的是寫離愁別恨，有的是寫傷春悲秋。篇篇都是精品，字字都是憂愁。

李清照多愁善感，柔情如水的一面被她自己表現得淋漓盡致。

縱觀她的一生，是歡愉之時少，愁苦之日多。用她自己的話概括爲「怎一個愁字了得」。她同樣有擔心自己紅顏老去，丈夫移情別戀的憂愁。

黑格爾說：「愛情，在女子身上特別顯得美，因爲女子把全部精神生活和現實生活都集中在愛情，和推廣成爲愛情。」

確實，對於尚無法得到與男人同等的社會地位的女性，愛情就是命運。

我們來看看清照閨情詞中極具代表性的佳作名篇——《鳳凰台上憶吹簫》：

香冷金猊，被翻紅浪，起來慵自梳頭。任寶奩塵滿，日上簾鉤。生怕離懷別苦，多少事，欲說還休。新來瘦，非干病酒，不是悲秋。

休休！這回去也，千萬遍《陽關》，也則難留。念武陵人遠，煙鎖秦樓。惟有樓前流水，應念我、終日凝眸。凝眸處，從今又添，一段新愁。

——《鳳凰臺上憶吹簫·香冷金猊》

這首詞是寫預想中的離別相思。那個多情思婦很明顯是詞人的自我寫照。

《詩經·伯兮》中說：

自伯之東，首如飛蓬。
豈無膏沐？誰適爲容？

——《詩經·伯兮》

這首詩是說丈夫出征之後，妻子在家懶得梳妝打扮。

古代婦女是很講究梳頭的，歷代詩歌中描寫美人每多涉及頭髮。蘇軾那首感人至深的悼亡詞《江城子》裡，妻子留給他最深刻難忘的印象就是「小軒窗，正梳妝。」

當時的具體社會情況，婦女梳頭要費掉許多心思和時間，是很正常的。可我們多情的女詞人，丈夫只是準備走，還沒有走，她就已經懶得梳頭了。其心緒不佳，可想而知。

由此可見她對丈夫的一往深情的依賴和眷念。眞是「生怕離懷別苦，多少事，欲說還休。」這種自我克制，是包含有許多曲折、許多苦惱和難言之隱的。

李清照的家庭生活並非如人們想像的那樣美滿幸福。她出嫁不久就處在了尖銳複雜的家庭矛盾中。她的父親是蘇門弟子，政治上屬於元祐舊黨，被朝廷流放打擊；而她的公公卻是不遺餘力地排擊元祐諸人，由此而得以官拜副宰相。趙、李兩家在激烈的黨爭中，實際上已變成了完成對立的兩派。

李清照作爲李格非的女兒，趙挺之的兒媳，置身於這種矛盾的焦點之中。她內心痛苦但不怯弱，她以其耿直大膽的性格，不顧一切地兩次向公公上詩救父。

她寫的這兩首詩今日已經不存在了，只留下了「炙手可熱心可寒」的諷勸和「何況人間父子情」的悲憤呼喊。

蘇軾曾經譏諷趙挺之爲「學行無取」的小人，陳師道與他爲內親，卻恥於與他往來。趙挺之是個精明的政客，不是一個富有人情味的人，他的小兒子趙明誠僅僅由於「好文義」搜集了一些被朝廷打擊的蘇軾、黃庭堅的詩文，差一點兒被他折磨死。而一個違反了封建禮教規範，干預了閨房之外的事情的新媳婦，會受到什麼樣的待遇，可想而知。

由此，我們可以推想出李清照的處境是多麼艱難了。

在封建時代，愛情是以作爲婚姻的附加物出現的。在君君臣臣、父父子子的封建倫理道德的統治下，年輕夫婦的愛情更必須得到家庭的認可，必須以家庭的利益爲轉移。

李清照的父親是朝廷打擊的罪臣，因此她失去了娘家的庇護，她的直言不諱又使她失去了公公的歡心。她唯一擁有的就是趙明誠的愛情了。

可她能保護他們的愛情不受那個制度（家庭社會）對它的影響嗎？

因此，縱然她有滿腔的憂愁，也只能「欲說還休」了。

她只對丈夫傾訴「應念我終日凝眸」的深情。

她也只能用自己的深情去打動丈夫的心，挽住丈夫的情。

她可能如願以償嗎？

懷才不遇的苦悶

李清照是個不平凡的女子，卻被迫在平凡的日子裡消磨時光。她身旁的環境是那樣狹小，寂寞深閨，蕭條庭院，東籬西坊，樽前花下，有才能得不到發揮，有抱負得不到施展，生活中只有令人窒息的寂寞。

倘若，李清照只是一般少見識的婦女，那倒可以平平庸庸、混混沌沌地苟活一世。但她偏偏又是那樣地多才多藝，那樣地倔強和不安於現狀。於是，她便更多、更深地感受著精神上的痛苦和煩悶。

在那個時代，女人一生中的事業就是嫁人和生孩子。她們沒有權利在某些時刻裡，成爲一個眞正獨立的生命。

早在唐時，女詩人魚玄機就說：

自恨羅衣掩詩句，舉頭空羡榜中名。

李清照這種渴望施展才幹，留名後世的思想更強烈。她的人生哲學是：

生當爲人傑，死亦爲鬼雄。

——《詠史》

這樣的思想和個性，這樣的才幹和抱負，作爲一個女性，在那個時代是注定要受到壓抑，要經受痛苦的。

因此，她發牢騷說：

我報路長嗟日暮，學詩漫有驚人句。

——《漁家傲・天接雲濤連曉霧》

可她總是渴望著能有所作爲，留芳百世。然而，那個時代給予她的更多的是譏嘲和誹謗。

宋代王灼在《碧雞漫志》卷二云：「易安居士……，作長短句，能曲折盡人意，輕巧尖新，姿態百出。閭巷荒淫之語，肆意落筆。自古縉紳之家能文婦女，未見如此無顧藉也。」

王灼在承認她的詩才之時，卻又對她的詞作和人格持否定態度。

宋代胡仔在《苕溪漁隱叢話》後集卷三十三中對李淸照的評論充滿了嘲譏和蔑視：「易安歷評諸公歌詞，皆摘其短，無一免者，此評未公，吾不憑也。其意蓋自謂能擅其長，以樂府名家者。退之詩云：『不知群兒愚，那用故謗傷，蚍蜉撼大樹，可笑不自量』，正爲此輩也。」

在這樣的社會裡，李淸照爲自己的才華和成就得不到公正的待遇而憤懣：

學詩三十年，緘口不求知。
誰遣好奇士，相逢說項斯。

——《分得知字》

項斯，唐朝詩人，字子遷。當初他能詩而未有名，因而以詩卷謁見國子監祭酒楊敬之，楊賞識其才，贈詩曰：

幾度見詩詩盡好，及觀標格過於詩，
平生不解藏人善，到處逢人說項斯。

由此詩，項斯名聞長安，次年遂登高科。所以「說項斯」的含義是為人揚譽。

對自己詩才頗為自負的李清照也希望能有楊敬之這樣的好奇之士，推荐自己的詩才，為自己打開通向廣闊天地之門。

可惜李清照生不逢時。

在那不給女性以任何政治舞台、自由空間的社會裡，她該是多麼煩悶和窒息。

她渴望著自由和光明。

她在生活的現實裡找不到自由和光明，她就讓它們出現在她自由的夢境裡。

她寫了兩首記夢的作品，一首是詩，一首是詞，體裁雖然截然不同，但風格卻是一致的，都富有濃郁的浪漫主義色彩。

先看她的詩——《曉夢》：

曉夢隨疏鐘，飄然躡雲霞。
因緣安期生，邂逅萼綠華。
秋風正無賴，吹盡玉井花。
共看藕如船，同食棗如瓜。
翩翩坐上客，意妙語亦佳。
嘲辭鬥詭辯，活火分新茶。
雖非助帝功，其樂莫可涯。
人生能如此，何必歸故家。
起來斂衣坐，掩耳厭喧嘩。
心知不可見，念念猶咨嗟。

這首詩記述的是一次晨夢。是否眞有其事，無關緊要。她將這夢寫得美麗迷人：「輕輕地踏著雲霞，伴著隱約可聞的稀疏鐘聲，夢者進入了一個新奇的世界。本以爲在仙境中會見到仙人安期生的，沒想到卻意外遇上了仙女萼綠華。她們倆乘著秋風一起來到了太華山巓，看那花開十餘丈的玉蓮，那巨如小舟般的鮮藕，一起品嘗那神仙食用的如瓜巨棗。

漂亮的仙女們翩翩起舞，座上賓客無不風流瀟灑。她們口齒伶俐，思想敏捷，意氣高妙，無拘無束，或互謔鬥趣，或煮茶品茗，生活得那麼自由自在，眞可謂其樂無窮。

看到仙界這番景象，令她流連不捨，不願歸家。然而，再美的夢總有醒了的時候。夢醒時分，那份空虛和惆悵，更令人難堪。她仍然得生活在寂寞、壓抑人的現實生活界中。」

這首詩飄然似有仙骨，但卻不是追求道教的長生不老的境界，而是表現詩人對自由的嚮往，對現實的失望。可見其苦悶的深重。

像這樣灑脫飄逸、想像豐富的詩作，出自女性之手筆，在封建社會裡是絕無僅有的。這也是李清照有別於其他任何女性作家的地方。

再看她的詞《漁家傲》：

天接雲濤連曉霧，星河欲轉千帆舞。彷彿夢魂歸帝所，聞天語，殷勤問我歸何處。

我報路長嗟日暮，學詩漫有驚人句。九萬里風鵬正舉。風休住，蓬舟吹取三山去！

——《漁家傲·天接雲濤連曉霧》

這首詞描寫的是海上仙山，夢境與詩有所不同，境界更為開闊、雄渾、氣勢磅礡。

這首詞最能表現李清照豪放、曠達的心胸。

一個在封建社會受壓抑，處於從屬地位的婦女，卻設想著與至高無上的天帝問答，傾訴隱衷。這設想本身就充滿了豪氣。

從另一方面看，這設想正表現了李清照身處的環境的冷漠、黑暗，她感到寂寞、愁苦、壓抑、窒息，因此，她塑造出一個態度溫和、關心民瘼的天帝，讓自己從他那兒得到在現實中得不到的精神慰藉。

在李清照以前，從未有人在詞裡描寫景象壯闊，氣勢磅礴的大海給讀者如此大的震撼。因此，此詞之流傳也令人嘆服。後世評論家譽爲「無一毫粉釵氣」的頗具豪放風格的詞作。

然而，李清照終其一生都沒能得到這樣的肯定和精神慰藉。

她被命運拋進更深的痛苦深淵中。

國破家亡的悲傷

當災難降臨時，人性中的弱點、人的本來面貌便會暴露出來，懦弱還是剛強、驚慌還是沉著，本性中的眞實面便會跳出來指導著人的行爲。因此，在災難面前，最能考驗一個人。

李清照四十五歲那年，被投入了大動亂的災難中。那年三月，趙明誠奔母喪南下建康，當時他走得很急，留下李清照一個人在青州挑選整理那些金石書畫，爲形勢惡化時的逃亡作準備。

秋八月，趙明誠被任命爲江寧府事兼江南東路經制史。如此，趙明誠不可能回北方了，李清照決定運送部分文物精品去趙明誠的官署。

在兵荒馬亂之中，李清照帶領家僕載物十五車至東海，過淮河，渡長江，到達建康（今南京）。幾千公里的長途跋涉，舟車顚簸，在那個交通不便，社會政局動盪的年代裡，對於一個生長於深宅大院的弱女子而言，是一個嚴峻的考驗。

李清照走完了這段艱苦的路程，快到目的地時她在鎭江又碰到了土匪強盜。不知她是怎樣應付了這場災難，反正，人和十五車文物都安全地到達了建康。

李清照如果不是一個個性剛強而極有主見的人，她在那種顚沛流離兵荒馬亂當中，是不可能應付自如並有這番成績的。

有了這一次不依靠他人獨自面對社會的艱難困苦的經歷，李清照同樣也承受住了丈夫早逝家破人亡的沉重打擊。

在那個社會，丈夫是女人的依靠，是女人的支柱。丈夫一死，女人也就失去了賴以生存的根本。

李清照沒有兒子可以依靠，戰亂流亡，財產盡失，沒有家產可以自保，她承受著種種打擊和不幸，輾轉漂泊在江南各地。

莎士比亞藉哈姆雷特的口說：「女人啊！你的名字是弱者。」

可李清照不是一個弱者。

雖然她只能隨人流亡，聽任命運擺布，可是她的靈魂是堅強的。正如她自己所說：「雖處憂患困窮，而志不屈。」（《金石錄後序》）。

她以暮年多病之身忍辱負重，頑強地生活著。

她竭盡全力保護昔日自己和丈夫一起共同搜集整理的珍貴文物，「愛惜如護頭目」、「死生不能忘之」（《金石錄後序》）。不幸遇盜之後，她雖悲慟不已但仍處事不亂，馬上「重立賞收贖」（《金石錄後序》），可謂措施有度。

她完成丈夫未競事業，整理、修訂、完成《金石錄》並上交朝廷，這是對祖國文化事業的一個重要貢獻，也使得她的丈夫得以名載史冊。

無論生活多麼艱難困苦，她從來不放棄她的創作。她關心著民族國家的命運，寫了大量有見地、有氣節的詩作。

《上樞密韓肖胄詩》二首，表現了詩人反擊侵略、收復失地的強烈願望，充滿了愛國主義的激情。

在詩中她提出了自己的政治主張——反對與敵人繼續和盟，因爲一再訂盟不僅已足以說明敵人不守信用，而且還會被敵人看作軟弱可欺，以至招來更大的禍亂。

在詩中她還表達了自己的心願：

欲將血淚寄山河，去灑東山一杯土。

而最爲人傳誦且最能表現清照身上的雄健豪邁之氣的詩作是《夏日絕句》：

生當作人傑，死亦爲鬼雄。
至今思項羽，不肯過江東。

——《夏日絕句》

詩首二句大處落墨，十字道出人生要義：

活，要活得昂揚，出類拔萃，有聲有色；

死，要死得壯烈，英武慷慨，可歌可泣。

末二句不以成敗論英雄，盛讚項羽寧死不願忍辱偷生的錚錚氣骨。全詩只有短短四句，卻具有激蕩人心的藝術力量，被歷代每個正直有骨氣的中國人遵奉爲最高的人生準則。

人身上最有價值的東西是氣節。

正是具有這高尚的氣節，李清照以一年老多病之軀，承受住生活中的種種不幸，成爲不屈不撓的強者。

自是花中第一流

自古以來，中國人就拿花來比喻女人：「如花似玉」、「笑靨如花」、「花容月貌」、「羞花閉月」等。

《紅樓夢》裡有這麼一章——「壽怡紅群芳開夜宴」：

賈寶玉過生日，大觀園裡的幾個女孩子爲他祝壽，大家聚集在怡紅院舉行夜宴。

一群如花似玉的女兒們，喝的是女兒茶，飲的是紹興女兒紅酒，行的是占花名兒酒令。

每一個抽到花名竹簽的女孩子，那簽上畫的花兒便是那女孩子的個性與命運的象徵：

1. 薛寶釵是牡丹花——雖然艷冠群花，卻冰冷無情。

2. 林黛玉是荷花——出污泥而不染，清高純潔。

3. 襲人是桃花——雖美麗，卻輕薄無情義。

……。

這一章典型的反映了中國社會傳統觀點——女人如花。

拿什麼樣的花兒來比喻李清照呢？

她自己有一句名句：

莫道不銷魂，簾捲西風，人比黃花瘦。

——《醉花陰》

這是一個多愁善感，弱不禁風的閨閣美人形象。

這一句詞歷來為人們所讚賞。

這種深情、堅貞、楚楚動人的婦女形象符合封建士大夫們的欣賞品味，符合封建禮教對婦女的要求，因此格外受人青睞。

然而，這句詞李清照雖然寫得沒有怒火、怨氣，沒有嗚咽和啜泣，但是在她的從容優雅的徐徐描繪中，滲透著悲切和哀怨。

封建制度壓抑著女性，給予她們的只有不健全的人格和惡劣的生存環境，在這種環境中生活的女子那能不「人比黃花瘦」。

李清照同樣也愛以花自喻，但她從未以象徵富貴的牡丹自比，也很少用嬌艷的芍藥自況，而多以梅、桂、菊對照。

這些花多在秋冬開放，有一種卓爾不群的勁節，而且是暗香深徹、外清內秀，這正是李清照性格的寫照：

1.她是質幽而不華艷的菊花。

2.她是「情疏跡遠只香留」、「自是花中第一流」（《鷓鴣天》）的秋桂。

3.她是「誰憐流落江湖上，玉骨冰肌未肯枯」（《瑞鷓鴣》）中的銀杏。

4.她是傲寒而立，高雅芳潔的梅花，正是「此花不與群花比」（自是花中第一流）。

在李清照的家鄉——濟南，後世人們供奉李清照為出污泥而不染的藕神。

經過一千年歷史的、歲月的考驗，李清照這一朵璀燦的、高潔的文學之花，獨樹一幟，前無古人，後乏來者，詞作堪稱絕唱。

李清照的高雅情趣

紅藕香殘玉簟秋，輕解羅裳，獨上蘭舟。雲中誰寄錦書來，雁字回時，月滿西樓。

花自飄零水自流，一種想思，兩處閒愁。此情無計可消除，纔下眉頭，卻上心頭。

——《一剪梅·紅藕香殘玉蕈秋》

春到長門春草青，江梅些子破，未開勻。碧雲籠碾玉成塵，留曉夢，驚破一甌春。

花影壓重門，疏簾淡月，好黃昏二年三度負東君，歸來也，著意過今春。

《小重山·春到長門春草青》

李清照不僅是文壇高手、詩詞大宗，她還具有多方面的才能，是一個很有生活情趣的人。一切怡情悅性的活動她都愛，琴棋書畫，飲酒賞花，遊山玩水，打馬賭茶，這些生活雅趣爲她的生活增添了樂趣，陪她度過許多歡樂和痛苦的時光，對她的文學創作產生過重大影響。

她的生活情趣隨著年齡階段的不同而有不同的內容和側重點，從這些雅趣上可以透視出她的心境和生活狀況。

蹴秋千，鬥百草

蹴罷秋千，起來慵整纖纖手。露濃花瘦，薄汗輕衣透。

見客入來，襪剗金釵溜。和羞走，倚門回首，卻把青梅嗅。

——《點絳唇·蹴罷秋千》

一個露濃花稀的夏日早晨，喜愛戶外活動的李清照到院子裡盪秋千。

儘管只穿著輕薄的衣衫，風涼氣新，但在盡情蹴過秋千後，也不禁汗透薄衫。婀娜活潑的少女已經頗爲慵倦了，纖纖素手，暫時懶得去穿鞋襪及整理容顏。

由詞意可知，少女時代的李清照是一位很愛好蹴秋千這項活動的人。據《荆楚歲時記》：「秋千本北方山戎之戲，後中國女子學之。」，與《開元天寶遺事》中說：「天寶宮中，至寒食節，竟堅秋千，含宮嬪輩戲笑，以爲寒樂。」可見，盪秋千是女孩子們閨中少有的激烈運動，是女孩子們寂寞深閨中不可多得的體育鍛煉。

秋千是女孩子們偏愛的閨中遊戲。

蘇東坡《蝶戀花》中有這樣的句子：

牆裡秋千牆外道，牆行人牆裡佳人笑。笑漸不聞聲漸悄，多情卻被無情惱。

——《蘇東坡·蝶戀花》

高牆內蹴秋千的姑娘的天眞悅耳的笑聲，深深吸引了牆外的匆匆過客，竟使他忘記了趕路，駐足凝神傾聽。

看來，再高的牆也阻擋不住春光的降臨；再森嚴的封建禮教也壓抑不住少女的青春活力。她們在秋千上盡情嬉戲，享受著這屬於她們的少有的無拘無束的時光。因此，秋千與少女是緊密聯繫在一起的，它們一起構成了人間最富於詩情畫意的鏡頭。

秋千上凝聚了少女們美好的倩影。

黃蜂頻撲秋千索，有當時纖手香凝

——《吳文英・風入松》

這是吳文英《風入松》中的美麗詩句。

在詩人眼裡，秋千上凝聚的不是香氣，而是美的化身、情人的倩影。

那堪更被明月，隔牆送過秋千影。

——《張先・青門引》

張先的《青門引》中的男兒更爲痴情，明月送來的秋千影，竟使他不能自持，因爲他深深思念那曾經在秋千上嬉戲的可愛姑娘。

可見秋千中蘊含了青年男女千年的戀情。

秋千在少女們的生活中曾經扮演過這麼重要的角色，它在李清照的少女生活中同樣也是她情感生活的見證者。

好一個活躍在秋千上的頑皮、活潑、美麗、多情的少女！

這個少女盪完秋千，正在休息，衣衫不整，雲鬢蓬鬆，忽然她發現生人出現，她害羞地朝屋裡跑，連鞋子也顧不得穿，頭上的金釵也滑落了。然而，她跑到門口，卻停了下來，她調皮地轉過身，要看看弄得她如此狼狽的人是誰。

如果以封建禮教的尺度來衡量李清照，她所描寫的著襪而行，倚門回首的行爲，絕不符合大家閨秀的行爲規範。深閨中的少女應該總是遵「禮」守節、循規蹈矩、低眉順眼、羞答答的。李清照以讚譽的態度描寫不守禮法的少女表現了她自己大膽、勇敢、活潑、灑脫的個性。

可愛的少女摘一枝青梅在手，她用嗅青梅的行爲掩飾她的眞實目的，可那枝青梅卻將她少女的微妙情懷洩露出來。

李白《長干行》中有這樣的詩句：

郎騎竹馬來，繞床弄青梅，
同居長干里，兩小無嫌猜。

——《李白·長干行》

自此以後，「青梅竹馬」、「兩小無猜」就用於形容男女兒童天眞無邪，在一起相處融洽地玩耍、長大。

少女手中的那枝青梅，聰明地暗示了，對方是她兩小無猜的玩伴，如今正是她心有所思、意有所屬的人。

她含蓄卻又是大膽地告訴對方，她羨慕的是青梅竹馬的純眞愛情。

於此，對於她「見有人來」時，爲什麼那麼忙亂、害羞，卻又倚門拈枝、回眸淺笑等情狀，尋到了脈胳。

正如歌德所說：「那個少年不善鍾情，那個少女不善懷春。」

隨著年齡的增長，天眞爛漫的李清照逐漸長成了大家閨秀。

青春的情懷，人生的滋味，漸漸潛入她的心頭。

她百無聊賴，在暖風薰薰、春光融融的美麗季節裡，幽閨獨處。

她斜倚山枕，回味著昨夜春夢，若有所思，對著香爐裡縷縷殘煙出神。

窗外梅花已經凋謝了，柳枝已經生出漫舞輕颺的朵朵白綿，燕子還沒有從海上飛回來。

這個時節正是玩鬥百草、盪秋千遊戲的好季節。她的那些活潑天眞的女伴們，已經按捺不住春天的誘惑，走出閨門、去作鬥百草的遊戲了。

這一個說：「我有觀音柳。」

那一個說：「我有羅漢松。」

那一個又說：「我有君子竹。」

這一個又說：「我有美人蕉。」

平日裡最能玩鬥百草遊戲的李清照，今日卻心有所思，足不出戶，直到天黑。

院子裡她經常去嬉戲的秋千靜靜地閒掛著，她默默地看著黃昏時下起的疏疏落落的春雨濡濕了空掛著的秋千。

她的心中充滿了淡淡的惆悵。於是，她拿起筆將她的難言的心事，莫名的惆悵抒寫出來。

淡蕩春光寒食天，玉罏沉水裊殘煙，夢回山枕隱花鈿。

海燕未來人鬥草，江梅已過柳生綿，黃昏疏雨濕。

——《浣溪沙‧淡蕩春光寒食天》

遨遊於山水之中

李清照天性活潑，喜愛戶外運動，但鬥草、蹴秋千還是在大院內，這樣的活動空間還是太窄小了，她嚮往美好開闊的境界，追求更豐富的精神生活。

她更喜愛的是遨遊山水，盡情享受大自然的美。

常記溪亭日暮，沉醉不知歸路。興盡晚回舟，誤入藕花深處。爭渡，爭渡，驚起一灘鷗鷺。

——《如夢令・常記溪亭日暮》

詞描寫的是一次經久不忘的溪亭暢遊。

溪亭，固然可泛指溪水邊的亭子，但宋時濟南確實有「溪亭」的地名，蘇轍在濟南時有《題徐正權秀才城西溪亭》詩，徐正權爲濟南著名學者石介女婿，爲當時名醫，時代與李清照相當。

《如夢令》這首小令大約是李清照返濟南探親小住時所寫。

青山環抱中的濟南，是北方最溫暖的地方，即使在寒冷的冬天裡，秀麗的大明湖也依舊波光粼粼。

清澈的湖水中有亭亭的碧荷，自春到秋，湖面上被荷葉、荷花裝點得如詩如畫。

岸邊有依依垂柳，細長的柳絲裡搖著人類千年的離愁。

歷下亭中的那幅「海右此亭古，濟南名士多」的對聯，凝結著大詩人杜甫悠遠的讚嘆。

升上青空的明鏡般的月亮，照射出通往太古神話時代的夢的道路。紛飛的泉水裡有詩神在唱歌。

映照全城的湖光山色也映照在清照心頭，釀就了她多少美麗的篇章。這首《如夢令》小令，就是一首絕妙的大自然的讚歌。她用詩筆爲我們描畫了一幅多麼色彩鮮艷、生機盎然的圖畫。

湖水清、荷花紅、荷葉碧、鷗鷺白，一幅五彩斑爛的荷湖日暮圖，令人陶醉，令人流連忘返。

天色已暮，蕩舟歸去，小船「誤入藕花深處」，但我們活潑好勝的女詞人，還要乘著酒興「爭渡，爭渡」，直到「驚起一灘鷗鷺」方休——一位多麼活潑、開朗、豪爽瀟灑的少女！有著多麼執拗、可愛的性格！

從夏入秋，人們進入了一年之中最爲神清氣爽、色彩穠麗的季節。然而，一切事物進入絢麗之極的境地時就會歸於黯淡。

秋天裡的自然風物，從春到夏塗抹的美麗色彩在一片片、一層層的褪色消失，怎不令人惆悵？

因此，文人筆下的秋往往帶有悲愁的色彩，寄寓著詩人悵然若失之感。就連剛毅的范仲淹在「碧雲天，黃葉地，秋色連波，波上寒煙翠」之時，也產生「芳草無情」的落寞之感，只好「酒入愁腸」，借酒澆愁了。

在這令人易生傷感的季節，年輕的李清照卻興致盎然地遊湖賞景去了。雖然時已暮秋，可她並沒有因鮮花衰萎，香味淡薄而悲嘆。她所感受到的：湖水還是那樣青湛，秋山還是那樣美麗，水光山色交相輝映，一切都還是那樣親切、自然、生氣蓬勃——一如盛夏之時。

領略著眼前美麗的秋色秋光，怎能不叫人心曠神怡？

湖上風來波浩渺，秋已暮，紅稀香少，水光山色與人親，說不盡，無窮好。

蓮子已成荷葉老，清露洗，蘋花汀草。眠沙鷗鷺不回頭，似也恨，人歸早。

——《怨王孫·胡上風來波浩渺》

清照以親切清新的筆觸，寫盡了暮秋湖上水光山色的優美迷人，也道出了她內心深處對自然風光的摯愛之情。

分明是她愛好「水光山色」，卻偏說「水光山色」要與人親近；分明是她捨不得離開沙鷗與白鷺，卻偏說安歇在沙灘上的水鳥不願讓遊人拋下它們，獨自離去。似乎鷗鷺也和人有著繾綣之情——牠們因遊人離去，竟連頭也不回，招呼也不打，不理離去的遊人了。

她用擬人手法表達出自己對湖光山色依戀的深情。看來，能有這樣盡情、自由地融合於自然山水之中的機會是太少、太珍貴了，因此，她對於每一次野遊是這樣珍惜，她「沉醉」於山水之間不知回家之路；她依戀於山水之間，惆悵於「人歸早」。終生她常記得這種無憂無慮地在美麗的湖光山色中遨遊、嬉戲的愉悅情景。

從詞裡的情致上看，李清照少女時代的生活是非常寧靜、閒適、和平、歡快的。詞句裡洋溢著的幸福、快樂的情感從字裡行間流向讀者心田。

賞花的無限情意

大自然將一年四季安排得花團錦簇、千姿百態、優美迷人。遠去高山大川，近到樓台、水榭，都可欣賞到艷陽皎月，鶯歌燕舞，花開花落……只要你有一顆熱愛自然的美好心靈，無論你身處何境都可以享受大自然的人類造就的良辰美景。

早春二月，北方還是冰天雪地，報春的梅心開放了。

紅酥肯放瓊苞碎，探著南枝開遍未？不知醞藉幾多香，但見包藏無限意。

道人憔悴春窗底，悶損闌干愁不倚，要來小酌便來休，未必明朝風不起。

——《玉樓春・紅酥肯放瓊苞碎》

那小小的柔艷的梅花在枝頭迎風搖擺，立刻驅走了嚴寒，喚起人心中一片溫馨的春意。

敏感而多情的李清照，不畏嚴寒、去探看向陽的南枝上的梅花開遍了沒有。她看見剛開放的紅梅花瓣松柔如酥，花蕾像玉一樣晶瑩，她欣喜地將梅花插滿鬢邊及髮髻，碰落了嬌嫩的花瓣，衣襟上便灑落了一串串清香的淚珠。

年年雪裡，常插梅花醉。挼盡梅花無好意，贏得滿衣清淚。

——《清平樂・年年雪裡》

年年雪中賞梅，她總也沒能弄明，那小小的柔艷的梅花裡包含了多少幽香，但她知道那花心裡有無限情意在其中蘊藏。

她從梅花初綻看到梅花凋零，她看梅、問梅、幻梅、賞梅、愁梅、惜梅、愛梅、慰梅、讚梅，她用她的生花妙筆爲梅寫了個完整的梅譜：

小閣藏春，閒窗鎖晝，畫堂無限深幽。篆香燒盡，日影下簾鈎。手種江梅更好，又何必，臨水登樓。無人到，寂寥渾似，何遜在揚州。

從來，知韻勝，難堪雨藉，不耐風揉。更誰家橫笛，吹動濃愁。莫恨香消雪減，須信道，掃跡情留。難言處，良宵淡月，疏影尚風流。

——《滿庭芳·小閣藏春》

她偏愛這開放在冰雪世界裡的花兒，她堅信生長在這種環境中的花兒，一定具有高傲幽雅的品性。不然，何以在花痕香跡全掃盡了的時候，稀疏的身影在清淡的月光映照下，依然風流蘊藉？

往後的時節，草兒越長越綠，花兒越開越繁盛，樑上燕子從早到晚雙雙呢喃不停，輕風穿過繡簾送來陣陣沁人的花香：

梁燕語多終日在，薔薇風細一簾香。

——《春殘》

大自然呈現出最嫵媚的風貌了。但她的花容月貌改變得太快了，無論你怎樣的憐惜她，她都要花落春盡：

小院閑窗春色深，重簾未捲影沉沉。倚樓無語理瑤琴。
遠岫出雲催薄暮，細風吹雨弄輕陰。梨花欲謝恐難禁。

——《浣溪沙‧小院閑窗春色深》

一樁花事，李清照觀察得細緻入微。

海棠花開時已是春意闌珊，是最令人傷感的時節。一夜風雨之後，紅花謝落，綠葉更滋潤繁茂了。

在飄落的花瓣中，夏日來臨了；在杜鵑鳥的悲鳴裡，春天去了。

風定落花深，簾外擁紅堆雪。長記海棠開後，正傷春時節。
酒闌歌罷玉尊空，青缸暗明滅。魂夢不堪幽怨，更一聲啼鴂。

——《好事近‧風定落花深》

昨夜雨疏風驟，濃睡不消殘酒。試問捲簾人，卻道海棠依舊。知否？知否？應是綠肥紅瘦。

——《如夢令·昨夜雨疏風驟》

伴隨著一季一季，一年一年的花開花落，時序更迭，李清照的生命年輪也走過了一圈又一圈。

花謝了還會再開，燕子飛去了還要再來，可是，人生時光流逝了，卻永不能再回來。

年年花開年年賞，賞花人的心境年年不一樣，年輕時賞花，花嬌柳嫩。

「柳眼梅腮，已覺春心動」（《蝶戀花》）——柳葉猶如媚眼，梅瓣恰似粉腮，已可感覺到春心的跳動。

「香臉半開嬌旖旎，當庭際，玉人浴出新妝洗」（《漁家傲》）——亭亭玉立在庭院中的梅樹，香臉半露，美艷得像新出浴的美女剛梳洗。

此時，斜簪一朵「淚染輕勻，猶帶彤霞曉露痕」（《減字木蘭花》）的梅花在雲鬢上，令人驚艷。這不僅僅是賞花，也是欣賞天生麗質的自我。即使是「人比黃花瘦」（《醉花陰》）的思婦，花與人亦惹人愛憐。

中年時賞花，愛暗淡柔和、色淡香留的秋桂：

暗淡輕黃體性柔，情疏跡遠只香留。何須淺碧輕紅色，自是花中第一流。

——《鷓鴣天·暗淡輕黃體性柔》

愛雪一樣清白，玉一樣堅瘦的秋菊：

漸秋闌，雪清玉瘦，向人無限依依。

——《多麗·小樓寒》

從詞可見，李清照已從外在美向內在美轉化，變得更成熟，具有中年人的深沉穩重。也可見她在心理上已有滄桑之感。

她再不是「柳眼梅腮，已覺春心動」的思春少婦了；也不是「怕郎猜道，奴面不如花面好，雲鬢斜簪，徒要教郎比並看」（《減字木蘭花》）的甜美新娘了。

生活所給予她的已有太多的傷感和惆悵。她怎麼禁受得住人世間的風刀霜劍的折磨與摧殘？然而，就如那傲寒的梅花一樣，雖然花香消雪滅，人青春不再，但是在美好的夜晚，在清淡月光輝映下，她還是很有風韻情致的。

老年時賞花，愁情滿懷。花開時，她安慰自己「不如隨分樽前醉，莫負東籬菊蕊黃」（《鷓鴣天》），何況，整日陪伴她的，還有那深沉含蓄的木犀花：

病起蕭蕭兩鬢華，臥看殘月上窗紗。豆蔻連梢煎熟水，莫分茶。
枕上詩書閒處好，門前風景雨來佳，終日向人多醞藉，木犀花。

——《攤破浣溪沙・病起蕭肅兩鬢華》

清照剛剛經受明誠病逝的沉重打擊，又面臨戰亂流亡的嚴重局面，自己「大病，僅存喘息」（《金石錄後序》），再去哀傷憂愁，人是很危險的，因此，她用一種自我開解的方式，盡力往好處想，往佳處看，使自己從病中挺起，表現出她固有的剛毅、曠達的性格。

到梅花盛開時，她仍然去賞梅，可是如今，「一枝折得，人間天上，沒個人堪寄」（《孤雁兒》）。

她只能「更挼殘蕊，更捻餘香，更得些時」（《訴衷情》）——再搓一搓殘餘的花蕊，再捻一捻餘留的花瓣，再消磨些淒涼的時光。

到「滿地黃花堆積」（《聲聲慢》）的時候，她亦如花一樣憔悴枯黃了：

誰憐憔悴更凋零。

——《臨江仙·庭院深深深幾許》

當她不再去賞花賦詩時，她的人生之旅也就走到了盡頭：

一朝春盡紅顏老，花落人亡兩不知。

——《紅樓夢》

品茶與賭茶

在古代中國人的日常生活中，柴、米、油、鹽、醬、醋、茶，是最基本、最必需的生活元素，缺一便構不成完整生活。

茶在這七件生活必需品中排名最後，但只有它能變成最富於藝術性的生活內容，被稱爲「茶文化」。

飲茶，原本是爲解渴醒腦，但我們的祖先用他們的智慧創造了一套完整的茶文化體系，飲茶有道，藝茶有術。

中國歷史上，眞的「茶人」是很懂品飲藝術的，講究選茗、蓄水、備具、烹煮、品飲，整個過程不是簡單的程式，而包含著藝術精神。

飲茶藝術化，使人得到精神享受，產生一種美妙的境界，這就是「茶藝」。它不僅僅指點茶技法，而包括整個飲茶過程的美學意境。

古人飲茶，不僅要追求美的享受，還要以茶培養、修練自己的精神道德。在各種飲茶活動中去協調人際關係，求得自己思想的自潔、自省，也溝通彼此的情感。以茶雅志、以茶交友、以茶敬賓等，便都屬於這個範疇，藉由飲茶，佛家的禪機、道家的清寂、儒家的中庸與和諧，都能逐漸滲透在其中。透過長期實踐，人們把這些思悟過程用一定儀式來表現，這便是「茶儀」、「茶禮」。

茶藝與飲茶的精神內容、禮儀形式交融結合，使茶人得其道，悟其理，求得主觀與客觀，精神與物質，個人與群體，人類與自然、宇宙和諧統一的大道，這便是「茶道」。

茶以文化面貌出現，是兩晉南北朝時，茶人把這種文化當作對抗奢靡之風的手段，以茶養廉。

盛唐之世，朝廷科舉送茶叫作「麒麟草」，用以助文興，發文思。而到宋，宋人拓寬了茶文化的社會層面和文化形式，茶事十分興旺，但茶藝走向繁複、瑣碎、奢侈，反而失去了茶道中自然、質樸、高潔深邃的本質。《宣和北苑貢茶錄》中記載：「太平興國初，特製龍鳳模，遣使臣即北苑建團茶，以別庶飲」。

太平興國元年爲公元九七六年，宋建國剛剛十六年，宋太宗剛登基，在國事日理萬機的情況下，飲茶這樣的小事還被周全地考慮在內，可見茶在宋人生活中的重要地位。

宋代喝茶都分了等級，一切納入封建禮教之中。本爲清儉之物的茶，到了宋人手中也變得複雜起來。

首先，宋人把茶本身藝術化——製造團茶。團茶是將茶葉經蒸、榨、又研製成茶末，調和香料，壓入模型製成茶餅，並附以臘面，過黃焙乾，使色澤光瑩悅目。

爲區別於民間所用，朝廷特頒製龍鳳圖案的模型製龍團、鳳餅。經十幾道工序精工細作的龍團鳳餅，連茶模樣都找不到了，每片團茶價值可達數十萬錢，這已不是喝茶，而是喝氣派了。

製茶工藝的精細是爲烹茶技藝服務的。宋人改唐人直接煮茶法爲點茶法。點茶法即將團茶碾碎，置碗中，再以微沸初漾時的滾水沖進去，再用「茶筅」充分打擊、攪拌，使茶均勻地混和，成爲乳狀液，這時，表面呈現極小的白色泡沫，宛如白花布滿碗面，稱爲乳聚面，不易見到茶末和水離散的痕跡，如開始茶與水分離，稱「雲腳散」。由於茶液極爲濃，拂擊愈有力，茶湯便如膠乳一般「咬盞」。乳面不易雲腳散，又要咬盞，這才是最好的茶湯，鬥茶便以此定勝負。

宋人喝茶是以極細的茶末用開水沖下去，用力攪拌，使茶與水溶爲一體，然後趁熱喝下。飲茶前必得將團茶碾成末，也夠麻煩的了。

李清照在《小重山》詞裡寫了飲團茶：

碧雲籠碾玉成塵，留曉夢，驚破一甌春。

——《小重山・春到長門春草青》

取出籠中碧雲茶，將它碾碎成細末狀，碾碎的茶末兒像玉一樣晶瑩，想留住清晨的好夢，咂一口，驚破了一杯碧綠的春景。

李清照是宋人，她深受宋朝風尚的影響，愛飲茶，也善品茶，她在許多首詩詞中都寫到茶，她將茶、酒、花、香、琴、詩、畫、撰融合成她生活中的重要內容。她將茶及生活與藝術融爲一體：

酒闌更喜團茶苦，夢斷偏宜瑞腦香。

——《鷓鴣天·寒日蕭蕭上鎖窗》

豆蔻連梢煎熟水，莫分茶。

——《攤破浣溪沙·病起蕭蕭兩鬢華》

嘲辭鬥詭辯，活火分新茶。

——《曉夢》

……

宋代分茶就是點茶，是用沸水沖茶，使茶乳變幻成圖形或字跡，是宋代流行的一種泡茶的遊藝，它需要技巧，不是爲喝茶，而是享受一種氣氛和感受。茶是與清靜、平和、優雅相聯的。

趙明誠在《唐白居易書楞嚴經趙明誠跋》中提到在淄州任上，他從邢氏那裡得到一件珍貴文物後，立即上馬加鞭，馳歸家中，這時已是夜深人靜了。賞珍品，不能不飲珍茶。李清照煮小龍團茶，夫婦二人邊欣賞這件文物，邊品茶玩味，相繼燃盡了兩只蠟燭，兩人仍無睡意，可見其心情之愉悅。

白居易墨寶爲千金難求的至寶，小龍團爲茶中珍品，歐陽修在《龍茶錄·後序》中說：「茶爲物至精，而小龍團又其精者，《錄》叙所謂上品龍茶者也。……余自以諫官供奉大內，至登二府，二十餘年，才一獲賜。」以歐陽修之職位，二十餘年方得皇帝賞賜一餅，可見龍團之精、之貴，實比珍寶更爲難得。

只有獲得無價之寶，才值得飲小龍團以示慶賀。茶中蘊含著品茶人高雅、深沉的審美情趣。

李清照留給世人的文字中，最令人心馳神往的是描寫與茶有關的一件趣事：「余性偶強記，每飯罷，坐歸來堂，烹茶，指堆積書史，言某事在某事、某卷、第幾頁、第幾行，以中否角勝負，爲飲茶先後。中即舉杯大笑，至茶傾覆懷中，反不得飲而起」（《金石錄後序》）。

夫妻倆在一天的金石書畫文物收集、整理工作之後，常常在飯後，坐在歸來堂上煮茶閒聊，日子輕鬆、恬靜。

活潑的李清照拉著丈夫用茶來玩賭輸贏的遊戲，猜歸來堂中堆積的書籍中，某件事在這堆書中的哪本書，哪一卷，第幾頁，第幾行上，誰說對了誰先飲茶。

贏家多半是李清照，她博聞強記，智力超群。但李清照也沒飲到茶，她猜中後便舉杯大笑，笑得茶杯倒入懷中，茶水灑了一身，不但沒飲到茶，還得起身抖落滿身的茶水。

小小的書室中充盈了清幽的茶香和溫馨的愛。

歸來堂中的賭茶逸事是清照婚姻生活中最有生氣、最高雅、最富有詩意的事，因此最令她回味不已。直到晚年寫來仍是生動活潑，神采飛揚，讀者讀來也感嘆不已：「眞一時勝消息」、「可惜不能久耳」。

李清照自己也說：「甘心老是鄉矣！」（金石錄後序）。

甘心終老在這種境界裡呀！這話裡包含了多少深情和惆悵。

酒意詩情誰與共

文人學士是離不開酒的，歷史上的嵇康、阮籍、劉伶、李白等都有「酒人」、「酒龍」、「酒仙」之類的雅號。

歷史上最著名的酒客劉伶寫過有名的《酒德頌》，他說「但得飲酒，何論死生。」，而李白在《將進酒》中說：

古來聖賢皆寂寞，惟有飲者留其名。

——《李白・將進酒》

因此，他：

但願長醉不復醒……與爾同道萬古愁。

——《李白・將進酒》

詩與酒遂結下了不解之緣。

自古文酒不分離，但文士愛酒卻各有不同的緣由：

1.有人嗜酒，是爲自標風流。

2.有人縱酒，是因失意而強作豁達。

3.有人有濟世之志，卻不斷碰壁，志不得伸，於是藉酒自慰。

4.有人詩酒放懷，乃爲恣情所注。

……。

然而追尋我國古代文學作品中最早出現的「酒」，卻是與女子有關，而不是文士。《詩經·周南·卷耳》篇寫一女子因長久思念出征在外的丈夫而痛苦不堪，只得藉飲酒來排遣內心的苦楚，尋求短暫的安慰：

我姑酌彼金罍，維以不永懷。

——《詩經·周南卷耳》

追根溯源，酒並不只是屬於文人雅士的專利，它也是女子閨中解愁之物。只是從屈原開始，酒便頻繁出現在文人作品中了。

身爲女性，但才學不讓鬚眉的李淸照，酒意詩情更是融合一體。她作品中的酒，有的是作爲物質形態的飲用品，如：

昨夜雨疏風驟，濃睡不消殘酒。

——《如夢令・昨夜雨疏風驟》

隨意杯盤雖草草，酒美梅酸，恰稱人懷抱。

——《蝶戀花・永夜懨懨歡意少》

酒闌更喜團茶苦，夢斷偏宜瑞腦香。

——《鷓鴣天・寒日蕭蕭上鎖窗》

這些「酒」字，用的是本義，未加發揮，易於識別，說明李清照愛飲酒，她的性格中有男兒的豪氣。

唐代李商隱說：「對花啜茶是大煞風景之事。」賞花時應飲酒，不飲酒或有酒不飲而去喝茶，豈不索然無味？

美酒置於花間，酒香更顯濃郁；香花，趁著酒興觀賞，則賞花興致也就更高。因此，李清照有「不如隨分樽前醉，莫負東籬菊蕊黃」（《鷓鴣天》）的詩句。

可見，李清照是個很有士大夫情調的閨閣女子，她時常不像個貴婦人，倒更像個放達無拘的名士：

要來小酌便來休，未必明朝風不起。

——《玉樓春・紅酥肯放瓊苞碎》

要想飲酒賞花便來吧，明天未必不會雲起風狂，一番愁梅心情溢於言衷。翻遍清照的《漱玉詞》，近六十首詞作，約有二分之一的作品直接或間接寫到酒。這樣高的寫酒比例，就連酒仙李白也難與之相比。

故鄉何處是？忘了除非醉。

——《菩薩蠻・風柔日薄春猶早》

這樣的酒已不僅是物質形態的飲用品，很明顯其中已摻入了家國之痛、身世之感。

莫許杯深琥珀濃，未成沉醉意先融。

——《浣溪沙．莫許杯深琥珀濃》

這深如琥珀色的濃酒之中也融入了相思之情，三杯兩盞之後，那擾人的別情離緒就隨著濃酒潛入了人的五臟六腑。酒未能澆愁，反而更添了愁。

三杯兩盞淡酒，怎敵他、晚來風急。

——《聲聲慢．尋尋覓覓》

曹操在《短歌行》中說：「何以解憂，唯有杜康。」然而，當酒變成了淡而無味的淡酒時，憂愁也就無法化解了。清照明言「酒淡」，實寓愁濃，濃郁的憂愁和沉重的思鄉之苦，已使她分辨不出酒的濃烈與淡寡。

「故鄉何處是?忘了除非醉。」

她寄情於酒，以期醉處夢中，無牽無掛。

可是愈是想要擺脫的東西，它愈是要襲上心頭，縱然是用許多的杯中物來麻醉自己，終究是無濟於事的。

李白說：「抽刀斷水水復流，舉杯消愁愁更愁。」

看來這解憂之物也並不能解憂。

爲什麼李清照在詞中這麼愛寫酒呢？

一個原因是她本身愛飲酒。李清照有不受禮法拘束的曠達性格，是個閨閣中的大丈夫，封建禮教的叛逆者。因此，酒與她的日常生活有緊密聯繫。

另一個原因則是自古以來的詩酒不分家的文學傳統在她身上的延續。身爲女性，她更深重的感受著社會的種種壓抑和摧殘。她用飲酒、醉酒，以至病酒來含蓄地表達著自己的憂愁和痛苦，消極地表示著自己向封建統治的反抗，和蔑視禮法的叛逆精神。

此中苦澀哀痛，令人黯然。

打馬雅戲亦爭強

李清照自小有一股爭強好勝的勁頭。因此，她特別喜歡做智力遊戲。因爲這類遊戲有爭勝負、決高下的樂趣。

在《打馬圖序》中，她自述道：「予性喜博，凡所謂博者皆耽之，晝夜每忘寢食。」

她說她生性喜歡拚搏爭先，凡是具有拚搏爭先性質的遊戲，她都特別喜愛。而且一玩起這些遊戲，連吃飯睡覺都顧不得了。

連娛樂也體現出她的強烈個性，或許也是這些娛樂活動培養了她的個性。李清照也正是因爲具有這種爭強好勝的個性，才能衝破「女子無才便是德」的社會習俗的羅網，成爲傑出文學家。

然而，無論她怎樣爭強好勝，她都絕不可能有登上政治舞台，實施才幹的機會。她只能眼看著國運日漸衰敗，自己也被捲入到逃亡的洪流中。

她在《打馬圖序》中描寫了南渡避亂的有關情景：「聞淮一警報，江、浙之人，自東走西，自南走北，居山林者謀入城市，居城市者謀入山林，旁午絡繹，莫卜所之。」

這段文字生動地表現了當時南宋社會在外患面前的軟弱和混亂。

統治者沒有一點兒抗敵的思想意識和準備措施，一聽到金兵南來的警報，從上自下便像無頭的蒼蠅，亂竄起來。

山村鄉間的人往城裡跑，城裡的人往山村鄉下躲，逃難隊伍不絕於路，不知往那裡跑，不知什麼地方是安全的避風港。

李清照在流亡人流中，感嘆著祖國山河破碎，她在初到浙江金華時登上歷史名樓八咏樓，痛苦悲憤地吟咏道：

千古風流八咏樓，江山留與後人愁。
水通南國三千里，氣壓江城十四州。

南宋統治者一味屈膝求和，結果導致一日蹙地千里，更爲可怕、可憂的是，對大好河山，南宋最高統治者竟棄之如敝屣，逃之唯恐不及，誰知道八咏樓上所見的美麗景色還能保持多久？

詩人怎能不爲之愁腸百結呢？

在這國難當頭的日子裡，李清照已失去了往日飲酒賞花、活水分茶，遊山蕩舟的閒情逸致了。

她悒悵：

試燈無意思，踏雪沒心情。

——《臨江仙·庭院深深深幾許》

宋人是很重視過元宵節的，唐人元宵節燈期只有三天，宋延至五天。爲了在元宵節期間能張掛出漂亮的花燈，這些燈在節前要張燈預賞，這就叫試燈。

北宋雖然滅亡了，但南宋統治者仍然沒改掉奢侈享樂的習性。因此，只要能從金人那裡換得一點兒苟延殘喘的機會，便抓緊時間及時享樂。北宋時的一切娛樂活動，在南宋依舊盛行，並且有過之而無不及。

詩人林升諷刺說：

山外青山樓外樓，西湖歌舞幾時休？

暖風薰得遊人醉，直把杭州作汴州。

李清照是很清醒、憂慮的，她沒有了往日踏雪覓詩的心情，也沒有了過元宵觀賞花燈的興趣，她的生活已滲透了時代風雲：

落日鎔金，暮雲合璧，人在何處。染柳煙濃，吹梅笛怨，春意知幾許。元宵佳節，融和天氣，次第豈無風雨。來相召，香車寶馬，謝他酒朋詩侶。

中州盛日，閨門多暇，記得偏重三五。鋪翠冠兒，捻金雪柳，簇帶爭濟楚，如今憔悴，風鬟霜鬢，怕見夜間出去。不如向簾兒底下，聽人笑語。

——《永遇樂·落日鎔金》

這首詞是清照代表作之一，藉由北宋汴京和南宋臨安兩個都城元宵節有關情景的描寫和對比，表現了她對故國鄉關及親人的懷念和淒涼悲憤的心情。清照如此看輕臨安的元宵佳節，是對南宋統治集團的憤慨和抗議。

為度漫漫長夜，她將幼年時常玩的棋藝遊戲進行改造、整理，編著了《打馬圖經》一書，並為其寫序文一篇、賦一篇。

「打馬」是古代一種棋藝遊戲，又稱打雙陸。因棋子稱作馬，所以取名「打馬」。

這種遊戲在宋代很流行，特別是夫人、小姐們愛好此種遊戲，稱之為「閨房雅戲」。

對於天資聰慧的李清照來說，打馬這種遊戲太簡單，沒什麼文采，玩起來沒有多大意思，認為亟待改進。

幼年時，她還沒有能力對這種遊戲進行創新，影響社會習俗。

青年時，她有太多的事分散了她的注意力，使她沒有興致去關注這件遊戲小事。

晚年時，由於國事的觸動，她發現棋局如戰局、如政局，於是，她藉談棋事論國事，巧妙地寄寓了她深沉的憂國之思。

三篇文章各有重點和作用。《打馬圖經》是講有關遊戲規則的，打馬這種遊戲，原本流行三種玩法：

1. 一種一將十馬，叫關西馬。

2. 一種無將二十寫，叫依經馬。

3. 宋徽宗宣和年間，這二種玩法開始融和在一起，遊戲規則變得混亂起來。李清照偏愛依經馬這種遊戲，依據它的規則，李清照進行了改造和完善，編寫了《打馬圖經》，她對打馬規則作了十三則例論，這些例論是對規則的解釋和論述，也是對有關經驗教訓的總結。

這些例論雜於《打馬圖經》各項條例之中，文字都是駢語，十分工整雅潔。但最重要的，所論雖爲打馬，實則表現李清照主張抗敵收復失地的愛國主義思想，不能簡單地視爲是遊戲文字看待。

讀一則例論便可明了清照遊戲文字中的寓意。

瑤池宴罷，騏驥皆歸。大宛凱旋，龍媒並入，已窮長路，安用揮鞭；未賜弊帷，尤宜報主，驥雖伏櫪，萬里之志常存，國正求賢，千金之骨不棄。定收老馬，欲取奇駒，既以解驂，清拜三年之賜；如圖再戰，願成他日之功。

這則例論是對打馬規則之九——倒盆例的解釋、闡述。「倒盆例」具體規定了賞帖的原則和方法，其論則別有發揮：

1. 例論充滿了「老驥伏櫪，志在千里；烈士暮年，壯心不已」（曹操《龜雖壽》）的壯志豪情。

2. 明確提出治理國家的人應禮賢下士，廣招賢才，爲抗金雪恥而「再戰」的主張。

3. 以「願成他日之功」表達了熱切的希望和眞誠的祝願。清照之赤誠之心，誠可謂天地可鑒。

《打馬圖序》這篇文章，在評介各種博戲之後，著重介紹了自創「命辭打馬」的經過和緣由。序文開頭一段的議論寫得尤爲精譬、深刻：

「慧則通，通即無所不達；專即精，精即無所不妙。」

由此說明「打馬」之類的博奕之戲，足可啓人智巧，健娛身心。

序文中涉及到南渡避亂的有關情景，形象生動地刻畫了當時人們逃亡的惶恐心理。這段文字對認識當時的社會狀況和研究李清照的生平經歷有一定的參考價值。

與《打馬圖經序》聯袂成文、相映成趣的是《打馬賦》。

如果說「序」於「打馬」重在介紹，而「賦」予「打馬」則意在發揮。面對當時金兵頻頻大舉南侵，南宋小朝廷節節倉惶敗退的危急形勢，清照在《打馬賦》中，藉談博說奕，馬遊戲中的戰馬列陣，征殺拼搏，以隱喻當時宋、金的戰局，藉以表明自己的抗金復國的政治主張。

文章一開頭便寫出了駿馬雲集，馳騁征行的雄威壯觀場面。並且用「疑」、「類」、「若」、「有類」、「正如」、「便同」等比喻詞，把通盤棋子寫得活靈活現，如睹如聞。

她在賦中鋪陳聯想，盛讚了東漢劉秀五千精兵破王莽的「昆陽之戰」，昔日黃帝於涿鹿伐蚩尤的正義之師。兩個歷史典故中的顯赫戰例，寓意雙關，發人深意。

「好勝為人之常情」，不畏艱險，方能取勝。「用之以誠，義必合乎德」，這絕不只是棋盤之上的遊戲小道，御敵衛國更當如此。然而，南宋小朝廷卻異於此道，怎不令人痛惜！

緊接著，她以極深的筆觸於說棋局之中說政局。謝安一局棋未下完而「已破淮淝之賊」的幃幄雄才，抗敵義舉尤值得稱頌和效法。

她說：「今日豈無元子，明時不乏安石。」歌頌了像桓溫、謝安等名臣良將的忠勇，希望南宋能夠像東晉那樣偏安江左的時候，還有桓溫、謝安這樣的人，或者能夠出擊，收復部分失地；或者敵人前來進犯，能夠擊潰他們。

弦外之音，暗含著對南宗統治者不識良才，不思抗敵、庸碌無能的譴責。

她又說：「佛狸定見卯年死」。

佛狸是北魏太武帝拓跋燾的小字。李清照借喻金主完顏昌為首的侵略者，詛咒金主完顏昌卯年死掉，希望來年消滅金兵，恢復中原。而當時金人正在向南宋發動進攻，清照自己也從杭州逃到了金華，她的「佛狸定見卯年死」，表達了她對侵略者的仇恨和蔑視，對抗敵前途的樂觀態度。

她還說：「老矣誰能志千里，但願相將過淮水」。

這句話裡化開曹操「老驥伏櫪，志在千里」的名句。意思是說自己雖然老矣，但卻壯心不已，殷切地希望在有生之年，看到並隨同將士一起渡過淮河，收復中原。

字字千鈞，震撼人心。

清李漢章在《黃檗山人詩集》裡有一首「題李易安《打馬圖》幷跋」，詩中見解不愧爲清照知音：

國破家亡感慨多，中興漢馬久蹉跎。
可憐淮水終難渡，遺恨還同說過河。
南渡偷安王氣孤，爭先一局已全輸。
廟堂只有和戎策，慚愧深閨《打馬圖》。
才涉驚濤夢未安，又聞虜馬飲江干。
桑榆晚景無人惜，聊與驊騮遣歲寒。

——《清‧李漢章‧黃檗山人詩集》

李清照是閨閣女子，本無權過問政事，因此，她只能托物言志，她讓一個小小的棋藝遊戲，承載了重重的國家大事，其見解和心胸非一般人所能望塵。而正是無權關心家國大事的人卻在爲國擔憂，其精神更令人感動。

所以，黃檗山人說：「廟堂只有和戎策，慚愧深閨《打馬圖》」。

有始無終的美滿姻緣

薄霧濃雲愁永晝，瑞腦銷金獸。佳節又重陽，玉枕紗廚，半夜涼初透。
東籬把酒黃昏後，有暗香盈袖。莫道不銷魂，簾捲西風，人比黃花瘦。

——《醉花陰•薄霧濃雲愁永晝》

紅藕香殘玉簟秋，輕解羅裳，獨上蘭舟，雲中誰寄錦書來?雁字回時，月滿西樓。
花自飄零水自流。一種相思，兩處閒愁。此情無計可消除，才下眉頭，卻上心頭。

——《一剪梅•紅藕香殘玉簟秋》

在人生旅途上，婚姻是一件大事，與結婚的當事人有切身利害關係。然而，在中國封建社會裡，作爲婚姻當事人的男女雙方，卻沒有自主權。父母之命、媒妁之言往往是婚姻的依據，不得違抗。至於結婚後是否能幸福、美滿、和美，卻往往不予考慮和重視。

如此，人生能否有美滿姻緣，這就全憑個人的運氣了。

在西方人的傳說中，有一位長著雙翅的淘氣的小天使——丘比特，他是主管愛情的神祇，因著他愛惡作劇的孩子氣而讓世間產生了許多錯誤的愛情，可他天性中熱情、純眞的秉性又使人間產生了無數則優美、動人的愛情故事。

愛情戰勝死亡這是《睡美人》的故事。也是《白雪公主》的主題。而在《灰姑娘》中，那個只重愛情，不看門第的王子，他與貧窮孤苦的灰姑娘的美滿結局，讓千千萬萬人陶醉並爲之祝福。

中國民間故事中從沒有一個司掌人間愛情的神祇。

愛神是動搖包辦婚姻的破壞力量，封建統治者是絕不會允許它的存在。對於統治者來說，聯姻是加強聯合的紐帶，有時甚至是維護統治的有力措施之一。

因此，婚姻是神聖的，也是功利的。所以，主掌這種既神聖又功利婚姻的，是一位如長輩般慈祥和威嚴的白鬍子老頭。

他總是坐在月光映照中的老槐樹下，翻閱著一本厚厚的大書，那書上早寫就了要配成對的男女的名字。他按著那名字，在夜間將兩個人的腳用紅絲繫上。這就叫「千里姻緣一線牽」。

那怕隔山隔海，只要有姻緣，就一定要成爲夫婦的。若是月下老人不用紅線栓住，任憑你費盡心機，雙方也不可能結合。

老人畢竟老眼昏花，記憶力差，況且月光有時也不太明亮，那書上的字密密麻麻，模糊不清，所以，他就常常繫錯了紅絲繩。

這條「紅絲繩」讓人敬畏有加，它牽出了中國人類社會二千多年的婚姻悲劇，也牽出了中國婦女的苦難和枷鎖。

能有幸福美滿婚姻的人，實在是上天的寵兒。

而李清照是上天的寵兒嗎？

天賜良緣

關於她的婚姻有一個頗帶神秘色彩的傳說：清照丈夫趙明誠少年之時，曾做過一個深具寓意的夢。夢中他讀了一本書，醒來卻只記得三句：「言與司合，安上已脫，芝芙草拔。」

趙明誠將夢境告訴父親，父親說：「看來你要娶一個善於文詞的媳婦了。」趙明誠疑惑不解，父親解釋道：「言與司合，是『詞』字；安上已脫，是『女』字；芝芙草拔，是『之夫』二字。這句話合起來就是『詞女之夫』。」

那時，他的父親正準備為他擇偶，他恰巧就做了這樣一個夢。這則夢很明顯是上天昭示，趙明誠父親當然要秉承天意，為子擇媳。

放眼當時北宋名門閨秀，誰為與趙明誠年歲相稱的詞女呢？宋王灼在《碧雞漫志》中評價李清照：「自少年便有詩名，才力華瞻，逼近前輩。」

因此，當得起「詞女」稱號且又與明誠年貌相配的，非李清照莫屬。

於是，這門天賜良緣就神聖地確定下來了。

有詩爲證：

趙家擇婦鳳求凰，詞女能文夢應祥。
草拔芝芙天作合，乃翁字義費推詳。

——沙曾達《分類古今名媛吟草》

奇絕芝芙夢裡情，先教夫婿識才名。
一溪柳絮門前水，猶作青閨漱玉聲。

——樂鈞《青芝山館詩》

這則令後人陶醉的富有浪漫色彩的傳說，卻說明了一個並不浪漫的現實：李清照與趙明誠的婚姻是由上天啓示，父母大人安排的，並不是由婚姻當事人決定的。

那一年，清照大約九歲，明誠大約十二歲。

這樣小的孩子是無權決定自己的終身大事的。他們也根本不能預知他們將來是否能融洽相處。愛情更不會被考慮在婚姻中。他們是還處在混沌中的孩子，甚至根本不懂得什麼是愛情。

因此，我們確實可稱這樁婚姻爲「天賜良緣」。

趙明誠的父親趙挺之，字正夫，一直是官運亨通的朝廷命官。他做過監察御史，太學博士，禮部侍郎，兵部侍郎，尚書右丞，直至尚書右僕射——丞相，是個有實權的人物，標準政官。他是政治弄潮兒，在變幻莫測的政治風浪中，穩穩上升。

清照的父親李格非，字文叔，是北宋著名學者。雖也從政，卻是個耿介清高的具有名士作風的人，屬於屢遭貶謫的元祐舊黨。

這樣差異巨大的兩家會結爲秦晉之好，實在令人費解。只能這樣猜測，兩家聯姻是在元祐六年（公元一〇九一年）左右。那時趙、李兩人同在太學爲博士，李格非撰君臣唱和詩碑文中，記載哲宗親臨太學一事，碑文中有趙、李二人的名字。

他們倆是山東同鄉，又在同一個部門爲官，當時正是蜀黨（以蘇軾、蘇轍爲領袖）當政之時，李格非爲蘇門弟子，當屬蜀黨，政治上處於優勢。

而且，李格非是北宋著名學者，聲名卓著，其妻亦爲公卿之後，門第顯赫。當時，趙挺之還未達到位極人臣的高位，政治態度也未明朗，他與李格非結親不排除討好蜀黨的用意。

於是，這樁在悲劇背景下的婚姻喜劇便誕生了，這是何等僥倖的事啊！

李清照與趙明誠志同道合的夫妻關係，高雅和美的婚姻生活讓後世人讚美了近千年。

李清照眞得合掌而禱——感謝上蒼賜予她的金玉良緣。

學者丈夫

趙明誠是趙挺之的三公子，著名金石學家，唯有他繼承了祖父對金石學的愛好。

趙家久富收藏，早在元豐八年（公元一〇八五年），趙明誠當時五歲時，黃庭堅就曾在趙挺之的書齋裡「觀古書貼甚富」。

此事記載於《豫章黃先生集》卷二五《題樂府木蘭詩後》：「唐朔方節度使

韋元甫得於民間，劉原父往時於秘書省中錄得，元豐乙丑五月戊申會於趙正夫平原監郡西齋，觀古書貼甚富，愛此紙得澄心堂法。與者三人：石輔之、柳仲遠、庭堅。」

趙明誠受到家庭影響，自幼「讀書贍博」、「酷好書畫」（翟耆年《趙明誠古器物銘碑十五卷》）。趙明誠在他九歲時，隨父親到徐州任上，就四處訪求前代金石刻詞，表現出與一般少年的不同之處。

他曾說：「余自少小喜從當世學士丈夫訪問前代金石刻詞，以廣異聞。」（雅雨堂本《金石錄》）。這一愛好成爲他終生孜孜以求的事業。

由於不斷搜求與鑽研，趙明誠後來成爲宋代繼歐陽修之後又一傑出的金石研究專家。

趙明誠與父親秉性完全不同，他從來對政治不感興趣，他也沒有父親那樣的政治才幹。

趙挺之在德州做通判時，郡守貪婪，時常克扣士兵俸祿，引起士卒暴亂。當拿著棍棒的士兵憤怒地衝進郡衙時，郡守與其他官吏全逃跑了，趙挺之卻穩坐大堂上，問明原由，當即下令拿出官府的銀錢發給士兵，補足他們的俸祿，然後毫不手軟地整治鬧事者的領導人物。這一恩威並用的政治手段立即鎮服了部下。於是，一切重又安定下來；而趙明誠卻缺乏這種政治家的氣度。

當他做建康太守時，城中突然發生了御營統制王亦所發動的兵變。王亦密謀在夜晚放火爲兵變信號，江東轉運副使李謨暗中探聽到了這個重要消息，立即快馬加鞭趕來報告趙明誠。

在這緊急關頭，趙明誠沒有父親處亂不驚的應變能力和力挽狂瀾的大將氣魄，他驚慌失措地與通判毋丘絳、觀察推官湯允恭半夜縋城逃跑了。

但最終這場兵變因李謨沉著有力的反擊而宣告失敗。

而趙明誠由於失職被撤職，從這一事件中，可見趙明誠爲官的無能平庸，但他對學術研究執著、勤奮，表現得極有毅力和主見。當朝廷第一次禁止元祐學術活動、當他的父親打擊元祐黨人不遺餘力時，還是少年郎的趙明誠卻四處抄錄、收藏被禁的蘇軾、黃庭堅等元祐黨人的詩文，即便是半簡殘篇，也很珍惜。

他的不合時宜的行爲惹得父親大發雷霆。

陳師道在寫給黃庭堅的書信中說：

「正夫有幼子明誠，頗好文義。每遇蘇、黃文詩，雖半簡數字必錄藏，以此失好於父，幾如小邢矣。」

——《後山居士集》卷十四

字裡行間流露著對少年的欣賞與讚嘆。

孤傲清高的陳師道，雖與趙挺之為連襟，卻極度鄙視趙挺之的人品，不與趙挺之往來。

一個寒冷的冬天，身為館職的陳師道參加官家郊祀活動，他只有一件冬衣，根本不能抵禦寒氣。妻子心疼他，去趙挺之家借冬衣與他，可陳師道卻說：「汝豈不知我不著渠家衣耶！」

陳師道寧願挨凍也不穿趙家衣。結果，他因受凍得寒疾致死。

然而，陳師道卻一直與當時還名不見經傳的晚輩趙明誠保持親密往來，兩人書信不斷，直至死亡把他們分開。

從政後的趙明誠仍然把主要精力傾注在學術研究上。

李清照在《金石錄後序》中說：「出仕宦，便有飯蔬衣練，窮遐方絕域，盡天下古文奇字之志。」

這段文字告訴我們，趙明誠出仕後，仍不改初衷，他立下了吃蔬菜，穿粗衣，走遍天下直至人跡罕至的邊遠地區，搜盡天下古文奇字的大志。

但他既然爲官就必須爲政務所羈，不能隨心所欲地離開官署外出周遊。於是，他就每天在衙吏散去後進行研究、整理工作。訂正校勘，整理成集，題上書名，每晚工作以點盡一支蠟燭爲標準。每卷都是自己裝訂，插上書簽，用青白色的帶子束十卷爲一帙，用綢緞製成包書的套子裝好，精細無比。

因此，他的收藏品能做到紙札精緻，字畫完整，在收藏家中名列第一。

在《金石錄》中，趙明誠自己記載了這樣一件事：

「右唐淄州開元寺碑，李邕撰並書。碑初建於本寺，後人移置郡廨敗屋下。余爲是州，遷於便座，用木爲欄楯，以護之云。」

——卷二十七《唐淄州開元寺碑跋》

這塊唐開元寺碑，是李邕撰文書寫的。它始建於開元寺，被後人移置到郡政府的破屋下。趙明誠做淄州太守，把這塊碑遷到一個好的地方，放在碑座之上，還用木欄圍護。

旁人棄之不顧的一塊破碑石，他卻如此的愛護備至，足見其對學術的痴心與專注。可見，趙明誠是一位有成就的好學者卻不是一個有良好政績的官吏。

雖然他是傑出的金石研究專家，可他的名字爲千年來的廣大中國人所熟悉，卻是因爲李清照的緣故。

李清照的絕大多數篇幅的優美動人的詩詞文賦都是爲他而寫的。纏綿悱惻，一往情深。

與李清照同爲宋人，具體生卒年不詳的朱淑眞，也是宋著名才女。她因爲婚姻不如意，丈夫粗俗，一生落落寡歡，抑鬱而終。

她是個不幸婚姻中的斷腸人；所以，她的詩文、詞集命名爲「斷腸集」。

李清照就幸運多了。她有一位學者型的丈夫，他能欣賞她的才華，他們有共同的事業——金石學研究將他們緊密聯繫起來。兩人的才學、愛好是使他們能擁有藝術化的美滿和諧的婚姻生活的保證。

令人歆慕的夫妻生活

在「女子無才便是德」的封建古訓的制約下，中國封建社會中的廣大婦女被剝奪了受教育的權利。她們在才學、識知上不能與男人並駕齊驅，不能成爲男人的精神伴侶。她們成爲生育的工具，擺設的花瓶。

把女人下降到不能與男人平等的地位上，是爲了方便男人的統治，可同時也使男人在婚姻生活中少了許多被理解和共鳴的幸福。

因此，李清照與趙明誠藝術化的婚姻生活讓中國文人羨慕不已。

李清照夫婦生活中的主要內容是詩詞唱和，金石書畫的搜求與研究，這是大異於常人的。

新婚燕爾之時，倆人便沉浸在藝術海洋中。

那時趙明誠還在太學讀書，自己沒有經濟收入，靠父母給予的生活費度日，手頭拮据。但是每到初一、十五，他都要去相國寺搜買碑文、字畫，錢不夠時，他就將衣物押在「當鋪」典當錢用。

大相國寺是北宋汴京最大的廟宇，它和太學都位於御街的東側，中間只隔一道里城和一座州橋。寺內沒有「瓦市」，每月開放五次（或說八次），類似今天的集市或廟會，四方來京的商人在這裡出售或販運貨物。

據說寺院僧房外面的庭院和兩廊，可容萬人交易。殿後資聖門前，擺滿了各種書籍、古玩和字畫。

趙明誠是這兒的常客。

從太學走到大相國寺不需要很長時間。放學後，趙明誠就去相國寺，在流覽市場當中，看到中意的碑文和字畫，他就千方百計買下來，回家與清照一邊品嘗果品，一邊欣賞著書畫，自稱是與世無爭、悠然自得的葛天氏時代的人，其樂融融。

有一天，有一個人拿來一幅畫，問趙明誠買不買。

是一幅讓李清照眼睛發亮、趙明誠怦然心動的珍品——南唐大畫家徐熙的《牡丹圖》。

那時人們評價徐熙「畫草樹蟲魚，妙奪造化」，「長於畫花竹……以墨筆畫之，殊草草，略施丹粉而已，神氣迥出，別有生動之意。」

徐熙的畫，意境淡雅而有骨力，與李清照的創作風格有相通之處。因此，《牡丹圖》讓李清照格外欣賞。而趙明誠是鑒賞名家，焉能不知此畫的珍貴價值。

可是，賣畫人堅持要二十萬錢，少一文也不賣。或許此人並非眞的想賣畫予趙明誠，只是耍滑頭藉機讓他這位專家鑒定一下眞假。要知道，二十萬錢可是一筆驚人的數字！趙、李二人雖爲官宦子弟，一時也不易籌集這筆巨款。

清照夫婦對這幅名畫把玩不已，愛不釋手，留在家中欣賞了兩晝夜，終因想不出辦法籌不到錢，只得又還給了賣主。

爲此，夫婦二人相對惋惜、懊喪了好幾天。

這件事對清照觸動很深，爲了更好地幫助丈夫搜集文物，清照開始謀劃節約開支、積攢錢。於是，她壓縮自己的日常生活開支。菜飯去掉第二道葷菜，每餐只吃一樣葷食。每個季節的衣服只有一件錦衣，頭上沒有明珠翡翠的裝飾品，室內沒有描金刺繡的家俱器物。能有如此心胸作爲的女子，實屬罕見。

有妻如此，夫復何求！難怪後人要僞托趙明誠爲李清照畫像題詞：

清麗其詞，端莊其品，歸去來兮，眞堪偕隱。

他們過著清雅、恬淡的學者生活。蒐書、理書、讀書、著書是他們的事業。可他們也有他們自己的娛樂活動——賭茶、賞花、飲酒、吟詩：

年年雪裡，常插梅花醉。

——《清平樂·年年雪裡》

漫天大雪，梅花怒放。清照頭頂斗笠身披蓑衣，出門踏雪覓詩。詩成必邀明誠和詩，明誠常爲續不好妻子的佳作而苦惱。

宋代人周煇的《清波雜誌》卷八說：

「頃見易安族人，言明誠在建康日，易安每值天大雪，即頂笠披蓑，循城遠覽以尋詩，得句必邀其夫賡和，明誠每苦之也。」

——《宋‧周輝‧清波雜誌》卷八

在詩詞創作上，趙明誠是甘拜下風的。

傳說趙明誠在外做官時，曾收到李清照寫的《醉花陰》一詞，這首詞寫得蘊意綿長，情深動人：

薄霧濃雲愁永晝，瑞腦消金獸。佳節又重陽，玉枕紗廚，半夜涼初透。
東籬把酒黃昏後，有暗香盈袖。莫道不銷魂，簾捲西風，人比黃花瘦。

——《醉花陰‧薄霧濃雲愁永晝》

這首詞頭二句寫白天的愁悶漫長。雖然是居住在裝置精緻的舒適的紗帳內，孤單的詞人不知怎麼打發這悠悠漫長的白晝。在金獸形狀的香爐內燃起名貴的龍腦、冰片香料，心情也未能舒暢起來，香霧迷濛反而使人更愁悶。

接著的三句寫夜晚的孤寂難眠。正是重陽佳節的好日子，夫妻倆不能相聚，空負了良辰美景，這層意思未明說，只從一個「涼」字上透露出來。

半夜醒來難以入眠，思緒萬千，又回想起黃昏時獨酌的幽苦。菊花盛開，對花飲酒，以應佳節，以解愁懷。花香熏滿袖，陣陣清幽。然而，無論什麼「賞心樂事」，都不能使詞人舒心反而更勾起詞人的離愁別恨。在這刻骨銘心的相思之情的摧損下，人比黃花還瘦。

這首詞讓趙明誠讀後讚嘆不已。他一心要勝過李清照，於是閉門謝客，苦思冥想，用了三天三夜時間，共寫了五十首詞，他把清照的詞羼雜其中給友人陸德夫看。

陸德夫玩賞再三，最後說：「只三句絕佳。」

趙明誠趕緊問：「是那三句？」

陸德夫說：「莫道不銷魂，簾捲西風，人比黃花瘦。」

趙明誠連連點頭稱是，心中自嘆不如。

清王士祿對此說了一段很俏皮的話：

「易安落筆即奇工。《打馬》一賦，尤稱神品，不獨下語精麗也。如此人自是天授，湖州乃爲『簾捲西風』，損卻三日眠食，豈不痴絕。」

——《宮闈氏籍藝文考略》

元代伊世珍的《瑯嬛記》中記載了這個傳說，傳說未必屬實，但它說明了一個事實。趙、李二人間是常有詩詞唱好的。詩詞唱和的樂趣在中國封建時代一般只能得之於友朋間。女人由於絕大多數沒有受過完善的文化教育，缺少文學修養，夫婦間極少能有如此趣事。

因此，他們的夫妻關係不僅令天下人羨慕，就是清照自己也對他們度過的賞花賦詩的幸福生活留戀不已。

趙明誠去世後，李清照還寫詩回憶道：

十五年前花月底，相從曾賦賞花詩。

今看花月渾相似，安得情懷似舊時。

最令人難忘的是歸來堂中的「賭茶」，清照寫來神采飛揚，活色生香：

「余性偶強記，每飯罷，坐歸來堂，烹茶。指堆積書吏，言某事在某書、某卷、第幾頁、第幾行，以中否角勝負，爲飲茶先後。中即舉杯大笑，至茶傾覆懷中，反不得飲而起。」

——《金石錄後序》

這段文字敘說清照與明誠在一天工作之後，常常在飯後坐在歸來堂上煮茶，兩人比賽記憶力的強弱，指點堂上堆積的書史，說某事在某書、某卷、第幾頁、第幾行，以猜中與否比賽勝負，決定飲茶先後。清照的記憶力強，常常是她先猜中，可是她猜中後便舉杯大笑，笑到茶杯倒入懷中，反而飲不成茶而起來更衣。夫婦倆是這樣風雅有趣，有誰不羨慕這一對恩愛幸福的夫妻！

讀讀李清照那些爲趙明誠而寫的愛情詩篇，相隔千年之久，文字中所蘊含的深情依然有那麼強烈的撼人力量，眞正是千古絕唱。

勞燕分飛

奥斯卡·王爾德說：「人生因爲有美，所以最後一定是悲劇」。

新婚燕爾時的李清照沉浸在愛情之中，夫妻倆恩愛和睦，志趣相投。她是一個被丈夫深愛著的嬌美的新娘。

然而，一年之後，北宋政壇再次發生巨大震動，餘波波及到李淸照的家庭生活，她的甜蜜的新婚生活結束了。

這一年是崇寧元年（公元一一〇二年），支持舊黨的向太后去世了，舊黨失去了後台。徽宗任蔡京爲相，新舊黨爭達到了白熱化的地步。

如果說，變法之初，王安石與司馬光之爭尙屬變法改革與守舊之間的矛盾，那麼，到後來，「變法維新」也就成了蔡京集團用來作爲排斥異己的一件法寶了。凡是他們要打擊的人，不論是新黨還是舊黨，一律被當作「元祐黨籍」處置。他們將這些人的名字刻在石碑上，立在文德殿門口，各地也如法炮製，紛紛樹起奸黨碑。清照婚後第三個年頭，皇帝下詔，黨人子弟不准在京城開封居住。

李清照的父親也被列爲元祐奸黨。儘管李清照已經是嫁出去的女子，但仍有可能受到父親黨籍問題的株連。而此時，她的公公已升遷爲尙書右僕射。從政治得失考慮，趙挺之極有可能藉由黨禁的藉口，打發這位居然敢向他上詩諷刺他「炙手可熱心可寒」的桀驁不馴的兒媳；於是這位自己政敵的女兒李清照跟隨娘家人回山東原籍居住，以避風頭。

因此，李清照「結褵未久」寫的一些離情詞，可能並不是因爲「明誠負笈遠遊」的緣故。那時趙明誠「在太學作學生」，太學在汴京，他到那裡遠遊？離家遠遊的可能恰恰是李清照。

她幽幽地吟唱著：

草際鳴蛩，驚落梧桐，正人間天上愁濃。雲階月地，關鎖千重。縱浮槎來，浮槎去，不相逢。

星橋鵲駕，經年才見，想離情別恨難窮。牽牛織女，莫是離中。甚霎兒晴，霎兒雨，霎兒風。

——《行香子・七夕》

草間蟋蟀低吟，
驚落了梧桐葉，
靜立在深閨庭院中舉頭望天，正是人間天上愁意濃，
雲當階，月作地，
重重門戶鎖天宮。
天河中縱有木筏來又往，
阻隔在風雨飄搖、陰晴不定的銀河兩岸的牛郎織女，
卻不能相逢。
鵲橋或許還未搭就，
因爲天宇變幻莫測，
一會兒晴，

一會兒雨，
一會兒風。

傳說中牛郎織女本是一對恩愛夫妻，但被天帝強行分開，不得相守，他們只能在七月七日，在烏鵲搭起的天橋上一訴相思。

人間情侶，被迫分離，盼的是一個相聚的七夕日。離愁別恨恨無窮的正是詞人自己。

清照引用的牛郎織女傳說，使我們得到信息：她和趙明誠原也是恩愛夫妻，但被無情的「天帝」強行分開，天各一方，不得相守。因而勞燕分飛，相思纏綿：

紅藕香殘玉簟秋。輕解羅裳，獨上蘭舟，雲中誰寄錦書來？雁字回時，月滿西樓。
花自飄零水自流。一種相思，兩處閒愁。此情無計可消除，才下眉頭，卻上心頭。

——《一剪梅·紅藕香殘玉簟秋》

已是紅荷殘敗、香淡葉疏、竹席生涼的深秋時節了，她輕輕提起羅裙，獨自登上小舟出遊解愁。

隨風而來的陣陣涼意侵人肌骨，映入眼簾的是落花流水的冷清現實，這景色更觸動了她的離別情懷。

秋風起，守約的大雁就要返回牠們溫暖的故鄉了。

仰望長空，雁飛成字時，離家在外的親人的書信也會隨雁捎來了。

收信的地方是在那高高的西樓上，那天，會有清亮的月光灑在那寫滿深情的書信上的。

就如花盛開了就一定要凋謝，河裡的水總要往低處流淌，縈繞在天各一方的愛人心間的思念是排除不掉的。

費盡了氣力拂去了凝聚在眉宇間的相思愁，可那相思卻浸入了心頭。

她堅信，她的愛人也如她一樣深深思念著對方。由此可見她對丈夫的信賴。

如果不是新舊黨爭的棍棒打來，這對幸福偎依著的鴛鴦，當不至於那麼早就去品嘗離別的苦果。他們被迫從愛情的伊甸園裡放逐出來，她愁，他也愁。

儘管這種愁「無計可消除」，下了眉頭，又上心頭，但同一份量的愁由兩人分擔，在文學的天平上會減輕一半。說不定由於彼此的深切思念，可能油然產生一種溫馨的幸福感。

這種幸福感是含著眼淚的微笑，回味時有絲絲的苦澀。恩愛夫妻，一旦勞燕分飛，痛苦比別人來得更爲深重：

暖雨晴風初破凍，柳眼梅腮，已覺春心動。酒意詩情誰與共？淚融殘粉花鈿重。

乍試夾衫金縷縫，山枕斜攲，枕損釵頭鳳。獨抱濃愁無好夢，夜闌猶剪燈花弄。

——《蝶戀花·暖雨晴風初破凍》

暖融融的雨，晴朗朗的風，冰雪初融。

綠柳吐芽猶如媚眼，紅梅綻蕾恰似粉腮，
多情的心田已可感覺到春心的跳動。
飲酒賞春，吟詩抒懷，誰能夠與我共話這酒意詩情？
心中憂愁與誰訴？
眼淚融化了殘留的脂粉，頭上花鈿也覺得沉重。
試穿新衣以尋寬慰，但妝成卻無人欣賞。
和衣斜靠山枕上以求好夢，
枕頭磨損了釵上的金鳳，
獨抱濃愁難以入夢。
夜深了，還剪著燈花漫撥弄。

詞中的女主人翁生活在一個美麗的春日裡，但良辰美景不屬於她——一個獨守空樓的思婦，李商隱早就在詩中告誡過：「春心莫共花爭發，一寸相思一寸灰」（《無題》），可她偏偏「已覺春心動」，因此，她當然只能擁抱著濃愁，寂寞無奈地苦捱著孤獨的時光。

人說燈心結花，喜事臨門。夜深了，她還在不停地剪著燈花，她的愛人能回來嗎？

春已歸，爲何人不歸？

窗外白梅已經怒放，花兒潔白如玉，濃香四溢。梅枝上的積雪早已消融，露出了赭紅色的枝幹。偏愛梅花的詞人爲這美麗的花兒驚喜，卻又不禁嘆惋：「今年賞梅又晚了」。

一個不經意的「又」字讓人心頭一顫，看來這「探梅又晚」的情況已不是一次了。如此令人遺憾之事爲什麼會連年發生呢？

詞人沒有正面回答這個問題，卻如攝影大師般推出了另一幅畫面。在白雲舒捲，河水輕流的遠方，在那江樓之上、楚館之間，閃現著一個人的身影，就是這個身影，使她牽腸掛肚。她無心賞花，整日低捲翠簾，憑闌遠望。

客人來訪打斷了閨中思婦的遐想，於是調弦作歌，飲酒賞梅，座中賓客爭相插簪梅花，歡樂的歌聲遏止了白雲、河水的流動。

是呀！花開堪摘直須摘，切不要等到繡樓上傳出《梅花落》的笛聲再去摘採。到那時，只剩得滿地殘花，滿衣清淚！

賓客盈門的熱鬧並沒有驅散思婦心頭的孤寂，她的心仍在對著她思念的人兒傾訴著：人無百日嬌，花無百日艷，嘆韶華易逝，勿負花期。遠在江樓楚館間的薄情人啊！難道你不知道今年「探梅又晚」嗎？不要再讓那苦候在西樓上的人兒哀怨失望了吧！

這是一份強烈的愛，一首優美的歌：

玉瘦香濃，檀深雪散，今年恨探梅又晚。江樓楚館，雲間水遠。清晝永，憑闌翠簾低捲。

坐上客來，尊前酒滿，歌聲共水流雲斷。南枝可插，要須頻剪，莫待西樓，數聲羌管。

——《殢人嬌・玉瘦香濃》

分離畢竟給婚姻生活帶來了不圓滿，客觀上形成了感情的空白，無疑使夫妻間產生了某種隔膜，甚至投下了陰影。

李清照的美滿婚姻還能一如既往嗎?

深深的憂慮

隨著歲月的推進，清照陷入到深深的憂慮中。她擔心距離影響她與丈夫的親密關係，她害怕時光的流逝會沖淡以至最終帶走丈夫的愛情。

因此，花開花謝，時光流轉，無不令她心驚。紅顏老去的憂慮湧上心頭。封建社會女人終究是沒有獨立的人格，清照也不例外。

小院閒窗春色深，重簾未捲影沉沉，倚樓無語理瑤琴。
遠岫出雲催薄暮，細風吹雨弄輕陰，梨花欲謝恐難禁。

——《浣溪沙·春景》

幽靜的庭院，重重簾幕低垂。窗外春色正濃。思緒萬千的女詞人倚樓而立默默無語。爲遣情懷，她彈起了玉琴。琴聲悠悠，情意悠悠。

望遠方，山巒起伏，輕雲飄捲，暮色降臨，微風吹動著細雨，嬉弄著淡淡春陰。潔白如雪的梨花是經不起這場風雨的，明日恐怕要凋謝了。

春是美好事物的象徵，也是美妙青春的象徵。春光的逝去，也意味著青春年華的流逝。對梨花的關注其實是對自己青春的關注。而無論你多麼不情願，花總要謝，人總要老，這是多麼令人惆悵的事實。

風定落花深，簾外擁紅堆雪。長記海棠開後，正傷春時節。
酒闌歌罷玉尊空，青缸暗明滅。魂夢不堪幽怨，更一聲啼鴂。

——《好事近·風定落花深》

風停之後花落滿地，旖旎的春光正在消失。美麗的年華在悄悄溜走，心上人不在身旁。

酒闌歌罷，燈油熬盡，遙夜沉靜，月色朦朧，小庭空蕩。離情繾綣，夜不能寐，窗外林中傳來杜鵑送春的悲鳴更令人憑添惆悵。

這首詞訴盡了玉人的幽怨。

莫許杯深琥珀濃，未成沉醉意先融，疏鐘已應晚來風。
瑞腦香消魂夢斷，辟寒金小髻鬟鬆，醒時空對燭花紅。

——《浣溪沙·莫許杯深琥珀濃》

她獨抱深怨，借酒澆愁，而至酒未醉人人先自醉了。於是她就倒在床上輾轉反側，也沒有卸妝，連插戴的金釵的髻鬟都被弄得鬆散了。

室內熏爐裡瑞腦的香味已經消盡，她終於與心上人相見了。她欣喜若狂，驚破了美好的夢境。

原來是千里關山空勞夢魂，心上人遠在異地。

室靜夜沉，她孑然一身，空對著紅紅的燭花。

喜慶的紅燭反襯出閨房獨守的孤淒，透露出內心的無限淒涼。

夜來沉醉卸妝遲，梅蕚插殘枝。酒醒熏破春睡，夢遠不成歸。

人悄悄，月依依，翠簾垂。更挼殘蕊，更撚餘香，更得些時。

——《訴衷情·夜來沈醉卸妝遲》

一個早春的夜晚，酒醉的詞人倦怠無力，無心卸妝便昏昏睡去。她的夢魂沿著回家之路，飄飄忽忽飛得很遠很遠。就要回家了，就要見著她日思夜想的人兒了，但酒力已漸漸消退，濃烈的梅香熏破了她的美夢。

夜已深，四周靜寂無聲，翠簾兒低垂。

簾外，明月如天，月光如水。

簾內，無限淒清的詞人久不成寐。

她隨手摘下鬢間因蹭磨而成爲蔫萎的梅枝，再搓一搓殘餘的花蕊，再捻一捻餘留的花瓣，再消磨些淒涼的時光。

紅酥肯放瓊苞碎，探著南枝開遍未？不知蘊藉幾多香，但見包藏無限意。

道人憔悴春窗底，悶損闌干愁不倚。要來小酌便來休，未必明朝風不起。

——《玉樓春·紅酥肯放瓊苞碎》

清照在這首《玉樓春》裡不寫梅花傲寒的颯爽英姿，而是寫紅梅初綻的嬌美與情意，憂慮美景不長。

幾年前，她也像乍放的紅梅那樣新鮮艷美，但韶光易逝，紅顏易老。如今，她已憔悴。

憔悴的詞人從「春窗底」望出去，那紅梅分明還在欣欣向榮地開放著。於是，她由自己的青春流逝想到了眼前的梅花——早春的寒風也會像流光一樣帶走紅梅的青春韶華的！

她爲什麼這麼憂愁於紅顏的消逝？

漢司馬相如一曲《鳳求凰》古琴曲，撥動了美麗的卓文君多情的心弦。她拋棄了富裕的物質生活，勇敢地與貧窮的司馬相如結合。

他們倆用親身經歷譜寫了中國沉悶的封建社會裡一曲最浪漫、最優美的愛情樂章。

然而，隨著歲月的流逝，司馬相如的愛情也隨著卓文君逝去的紅顏一起消失了。

司馬相如要納妾了，卓文君憂傷地唱出一曲《白頭吟》。

這憂鬱的聲音穿過數百年的歲月，凝結著千千萬萬婦女的淚珠兒落在清照的心坎上，化作一首首精美的詞章。

色衰愛弛，清照能否逃脫被冷落、被遺棄的命運呢？

更使清照憂慮的是她沒能爲趙明誠生育一個孩子。

曹丕《出婦賦》中說：「無子而應出，自典禮之常度。」按封建社會的法規，沒有兒子就應休掉。

所以，唐朝詩人張籍代婦女寫詩嘆道：

十載來夫家，閨門無瑕疵，
薄命不生子，古制有分離。
爲人莫作女，作女實難爲！

清照無子，其責任從後來的事實看，在於趙明誠。但在那個時代，婦女不生育就是過錯，不由分說。可悲的是，這種觀念甚至一直延續到現在，沒有生一個兒子，是丈夫虐待遺棄妻子的原由。當然，這樣的事情僅僅發生在邊遠、貧窮落後的地區。在先進發達地區，人們已不再計較是否生育或者是生兒子了。

曹丕似乎先知先覺，在數百年前寫下的《出婦賦》就像指李清照而言：「夫色衰而愛弛，信古今其有之，傷勞獨之無恃，恨胤嗣之不滋。甘沒身而同穴，終百年之常期。」（《出婦賦》）。

女人因爲紅顏衰老而不再被寵愛，這確實是從古至今就存在的事實。悲傷啊！被遺棄孤獨無依，怨恨啊！沒有生育子女。本來期盼著夫妻死同穴，恩愛百年，到頭來，全成夢境。

歷史與現實的事實一起沉重地壓在清照敏感的神經上，使得她的心情更加憂慮。

「梨花欲謝恐難禁」呀！

她和丈夫的愛情之花也會凋謝嗎？

棄婦的哀怨

宋徽宗崇寧五年（公元一一〇六年），清照結婚已整整五年了。這一年宋以「星變」大赦元祐黨人。李清照吟詠著「清」而「瘦」的白菊，而這白菊花又偏偏是那經過一夜風雨揉損的殘菊。這一特定對象的選取，本身就流露出一種感傷情調，這種感傷，絕不是無病呻吟，而正有其難言之隱在：

小樓寒，夜長簾幕低垂。恨蕭蕭、無情風雨，夜來揉損瓊肌。也不似、貴妃醉臉，也不似、孫壽愁眉。韓令偷香，徐娘傅粉，莫將比擬未新奇。……。

——《多麗・小樓寒》

無疑，詞中的殘菊正是詞人自身形象。

雖然歷經了人間無情風雨的摧殘，但菊花雖殘仍美。

它的美是清淡的美，是典雅的美。

它仍擁有清淡悠長、沁人心脾的幽香。

她宣稱，她絕不像醉酒後的楊貴妃，妖嬈艷態，富麗堂皇；也不像善作「愁眉」的孫壽，故作姿態，撒嬌買寵。

她恰似含愁凝視的漢皋山下不食人間煙火的神女；又如同長信宮中灑淚題扇孤獨失寵的班姬。

不管是風清月朗的夜晚，還是雨暗煙濃的白晝，都只有在困苦和憂愁中消磨大好時光，聽任芳顏的衰老。

字裡行間，處處流露出詞人自己的情懷、感慨。

這首詞中所用的典故更加明顯地暗示了她的丈夫確有姬妾的事實。這些女子比她年輕、比她艷麗。她們完全可能奪走她的丈夫的愛情。

而在那個時代，婦女唯一的生活依靠和精神寄託就是丈夫的愛情。丈夫的移情別戀對妻子來說，是災難性的打擊。

恩格斯說：「一夫多妻制是富人及顯貴人物的特權。」

在封建社會，沒有人認爲趙明誠納妾是對李清照情感的傷害。今天的人也不必脫離那個時代去苛求趙明誠。他給予清照那個時代丈夫所能給予妻子的最好待遇了。孟子說：「不孝有三，無後爲大。」因此，趙明誠更有權利納妾，他沒有休棄李清照業已算得上是不忘舊情。

他們倆現在的關係與其說是恩愛夫妻，不如說是事業伙伴。愛情已經是昨日黃花，但是清照的父親也得到了平反。至此，趙、李兩家的矛盾隨著黨禁的解除也得到了緩解。李清照回到了丈夫身邊。但第二年，趙挺之在與蔡京的爭權奪利鬥爭中徹底失敗，趙挺之病死。趙明誠偕李清照回山東青州隱居。在他們回鄉的第四、五個年頭上，即徽宗政和元年（公元一一一一年），朝廷批准了趙挺之遺孀秦國夫人的奏請，恢復了趙挺之的封號、官職，並追贈司徒，趙明誠何時復仕史料中並無具體記載，趙明誠的兩個哥哥於公元一一一二年已復仕有著明確的記錄，這表明趙明誠於此年已取得復仕的通行證，依據李清照《金石錄後序》中說「屏居鄉里十年」判斷，趙明誠在公元一一一八年左右復仕。但李清照離開青州去丈夫任所萊州是公元一一二一年，這說明了趙明誠出仕在外並沒有將李清照帶在身邊。

此時新舊黨爭早已平息，趙明誠不管去那裡做官，均可攜眷前往，可他偏偏要李清照獨自留在青州。

孤獨的李清照爲自己寫下了許多深有含義的，透露出內心隱秘，具有特殊美感和魅力的作品，這些作品多半像她爲自己寫的《長門賦》：

春到長門春草青，紅梅些子破，未開勻。碧雲籠碾玉成塵，留曉夢，驚破一甌春。

花影壓重門，疏簾鋪淡月，好黃昏。二年三度負東君，歸來也，著意過今春。

——《小重山·春到長門春草青》

這首詞描寫了一個美好的春日。

春天已來到長門了，嫩綠的青草已長得生機勃勃，紅梅花兒才綻開，還未怒放。層層花影掩映著重重門，疏疏簾幕透進淡淡月影。

多麼好的黃昏！

幽禁在寂寞深閨中的人兒，一個人品茶賞景。

取出籠中碧玉般的團茶，將它碾碎成如末兒玉一樣晶瑩。清香的茶味幽幽地飄散在房中。

多想留住清晨的好夢，可夢境如茶香可感而不可留。

呷一口，驚破了一杯碧綠的春景。

她做了個什麼樣的美夢？

初春美景引起她無限情思。幾年都見不著丈夫，她感到自己如失意的陳阿嬌般居住在冷清的長門宮中，空負了明媚的春光，柔美的月色。

她再也抑制不住心中強烈的渴望與思念，深情地呼喚她的丈夫：「歸來也，著意過今春。」

詞中提到的長門是西漢宮殿名，漢武帝的皇后陳阿嬌失寵後居住的地方。

《文選》司馬相如《長門賦序》云：

「孝武皇帝陳皇后，時得幸，頗妒，別在長門宮，愁苦悲思。聞蜀郡成都司馬相如天下工爲文。奉黃金千斤爲相如文君取酒。因於解悲愁之辭，而相如爲文，以悟主上，陳皇后復得親幸。」

文字說漢武帝時陳皇后失寵後，幽居長門宮中。她聽說司馬相如擅長寫文，於是送給他黃金千斤，司馬相如因而爲她作《長門賦》，感動了漢武帝，陳皇后復得寵幸。長門在詩詞中代表冷宮之意。事實上陳皇后並未再得寵幸。被丈夫遺棄的女子才稱自己居住的地方爲長門冷宮。李清照在詞中用這一典故，分明暗喻自己的閨房爲長門宮。

陳皇后千斤買賦並未能買回丈夫的心。清照自己爲當時大手筆，她自訴情懷，更爲哀婉動人。她能喚回丈夫的心嗎？

世人皆說清照是上天的寵兒，她有著天賜良姻，令人歆慕的夫妻生活。她和丈夫情深意篤，至死不渝。可一部《漱玉詞》，逐一看去，其中有相當大的一部分是抒發伴隨著相思而來的空前的失落感。

如果清照南渡前的婚姻生活眞的是那樣美滿，精神是那樣明朗的話，何以詞中的憂傷情緒又是那樣深重呢？

丈夫宦遊在外，並非是遺棄妻子，清照沒有必要用「長門」的典故，她的衆多詞章中的傷感如果從幸福婚姻的角度去讀，總使人有不協調的感覺。

李清照自幼秉承父訓，作文以誠爲主，她的作品都是有感而發，情眞意切的，她絕不做「爲賦新詞強說愁」的遊戲文字。因此，我們不應該漠視她在詞章裡透露出來的信息。

清照詞中的痛苦絕不是一般意義上的離愁別恨，而是丈夫的蓄妾帶給她的沉重打擊和傷痛。

趙明誠畢竟是「貴家子弟」和得益於蔭封的官吏，他不可能不受制於封建綱常。

對於納妾這一在當時簡直可以說是天經地義的事，他豈能例外？

納妾制度本身就意味著中國古代婦女無長久的愛情幸福可言。李清照不可能逃脫這一普遍不幸的命運。她的內心痛苦集中到一點就是咀嚼失去愛情的夫妻關係所生成的苦果。

讓我們讀讀清照在青州時寫的幾首托物言志的詠物詞作。這些詞寓意精妙，情調感傷：

小樓寒，夜長簾幕低垂。恨蕭蕭、無情風雨，夜來揉損瓊肌。也不似、貴妃醉臉，也不似、孫壽愁眉。韓令偷香，徐娘傅粉，莫將比擬未新奇。細看取，屈平陶令，風韻正相宜。微風起，清芬醞藉，不減酴醾。

漸秋闌，雪清玉瘦，向人無限依依。似愁凝，漢皐解佩，似淚灑，紈扇題詩。朗月清風，濃煙暗雨，天教憔悴度芳姿。縱愛惜，不知從此，留得幾多時？人情好，何須更憶，澤畔東籬。

——《多麗．小樓寒》

這首詠白菊的《多麗》詞是清照所有詞作中最長的一首，且通篇用典，使詞面委曲含蓄。

平慧善先生將這首詞翻譯爲現代漢語，使詞意明晰好懂多了：

小樓寒透，
簾幕低垂，
秋夜長長，
恨蕭蕭無情風雨，
一夜搓揉，
將白玉般的肌膚損傷。
她不像貴妃嬌艷的醉容，
也不似孫壽愁眉的媚樣。
韓令的風流，
徐娘的傅粉，
都不算新奇，
切莫用來比擬白菊的形象。
細細看來，
只有屈原、陶令，

風度神韻正相當，
微風吹起，
送來清遠芬芳，
若比酴醾花，
絲毫不遜讓。
秋深氣含霜，
雪一樣清白，
玉一樣堅瘦，
無限依依，
對人情意長。
她恰似含愁凝視的漢皋神女，
又如同灑淚題扇的班姬恨長。
時而風清月朗，

時而煙濃雨暗。

聰慧、博學的李清照一直是趙明誠金石研究的得力助手。趙明誠在《唐白居易書楞嚴經趙明誠跋》中記載了一件事，從中可見他們兩人的高雅情趣和友愛關係：

「淄川邢氏□之村，丘地平瀰，水林晶清，牆麓確布錯，疑有隱君子居焉。問之，茲一村皆邢姓，而邢君有嘉，故潭長好禮，遂造其廬，院中繁花正發，主人出接，不厭余爲茲守。而重余有素心之馨也，夏首后相經過，遂出樂天所書楞嚴經相示。因上馬疾馳，歸與細君共賞，時已二鼓下矣，酒渴甚，烹小龍團，相對展玩，狂喜不支，兩見燭撥，猶不欲寐，便下第爲之記：趙明誠。」

這段文字寫得輕盈簡潔、生動優美。趙明誠在淄州做太守時，在一個幽靜雅潔的邢姓小村裡得到一件藝術珍品——白居易的墨寶，他愛不釋手，立即策馬疾馳，回家與妻子共享其樂，這時已經是夜深人靜了，酒逢喜事，幾近酩酊；烹茶煮茗，以解酒後之渴。夫婦對面而坐，展示珍品，共同欣賞，狂喜之情，難以自持。

在女子普遍缺少文學藝術教養的封建社會裡，閨中有此良伴，實爲人生一大幸事。因此李、趙二人的婚姻讓封建時代的文士們羨慕了近千年，可這僅僅是從趙明誠的角度來看的。

但有誰從女性的角度去考慮過一夫多妻制下，沒有獨立經濟和政治地位的婦女的憂慮和痛苦？

舉世公認，唐太宗對他的結髮之妻長孫皇后是非常敬重和愛護的。但這個尊貴、賢良大度的以封建道德鑄造的婦女典範長孫皇后，臨終時從枕下拿出一包毒藥對唐太宗說：「如果陛下先我而去，我會立刻服此毒藥絕不獨留人間。」

唐太宗很感動，說：「感謝你對我的一片忠心。」

長孫皇后搖搖頭，說：「不是這樣的。我是害怕我自己變成呂后，瘋狂地報復陛下的嬪妃們。」

直到生命終結的那一刻，她才敢吐露她的真實內心世界：她一直生活在嫉妒和寂寞的痛苦煎熬中。

無子且年到中年的李清照，她不能阻止趙明誠納妾，以她的個性和身分地位，她不能也不願指責趙明誠。

但她的內心是痛苦的、寂寞的。她不再擁有甜美的愛情生活了，她也不再是「柳眼梅腮，已覺春心動」、「怕郎猜道，奴面不如花面好，雲鬢斜簪，徒要叫郎比並看」的嬌憨頑皮、活潑可愛的少婦形象了。因此，李清照中年時期的詞多流露自憐、自傲的情緒，反映了她情感生活的黯淡和個性的堅強：

暗淡輕黃體性柔，情疏跡遠只香留。何須淺碧輕紅色，自是花中第一流。

梅定妒，菊應羞，畫欄開處冠中秋。騷人可煞無情思，何事當年不見收。

——《鷓鴣天•暗淡輕黃體性柔》

作爲供觀賞的花卉，艷麗的色彩是惹人喜愛的一個重要原因。淺碧、深紅在諸顏色中堪稱美妙，然而這些美妙的顏色，對於桂花來說，卻是無需遺憾的。因爲它濃郁的香氣，溫雅的體性已足以使她成爲第一流的名花，顏色淡一點兒又有什麼要緊呢？

對於「花」這個具體的審美對象來說：

1.「色」屬於外在美的範疇。

2.「味」屬於內在美的範疇。

3.內在美勝於外在美。

你瞧，姿容秀麗、儀態萬方的梅花，面對著「暗淡輕黃體性柔」的桂花，不能不生嫉妒之意。

清雅秀美、楚楚憐人的菊花，面對著「情疏跡遠只香留」的桂花，也不能不掩飾羞愧之容。

花，只要味香性柔，無需淺碧深紅；如果徒有「淺碧深紅」，便不能列爲花中第一流。

那「暗淡輕黃體性柔，情疏跡遠只香留」的中秋桂花，正是人到中年的詞人的自我寫照。

她認為她丈夫身邊的那些女子，無論她們姿色多麼出衆，她們只具有外在美，她們在極具有內在美，風姿綽約、才情卓著的清照面前，都會黯然失色的。清照將桂花描寫得越卓爾不群，傲氣十足，從中反映出的心態越是愴涼、無奈。

高宗建炎元年（公元一一二七年），戰火已燒到離青州不遠處。趙明誠奔母喪，匆匆南下建康（今南京），而將李清照一個人留在青州看守他們多年搜集的金石書畫。在這政局動亂的時候，趙明誠既沒有照顧好李清照，也沒有保護好那些珍貴文物，而是讓李清照獨自面對這些惶恐和災難。

李清照一個生長在深宅大院裡的弱女子，在兵荒馬亂的年代裡，越過千山萬水，闖過兵災匪劫，安然地將十五車文物運到建康。

她是怎樣的一個奇女子？

二年以後，趙明誠再一次留下李清照在池陽為他看守那些自青州搶運出來的文物、財產，自己前往湖州赴任。

分別之時，李清照心亂如麻，高聲問趙明誠：「如果聽到城中有緊急的情況，怎麼辦？」

趙明誠已離船坐在岸上，穿著夏季布衣服，頭巾下露出額頭，神態虎虎有生氣，目光炯炯照人，對著舟中的李清照伸出兩個指頭遠遠答應說：「跟隨大家，實在不得已時，先拋棄包裹箱籠，其次棄衣被，其次棄書畫，其次棄古器，獨獨那些歷代帝王宗廟祭祀用的器皿的拓本，要自己攜帶，與人共存亡，不要忘記了！」

可見，在趙明誠的心中，李清照的地位已與宗器拓本相等。

趙明誠獨自赴任在外，身邊是有姬妾相伴的，感情上並不寂寞。李清照在《金石錄後序》中說趙明誠：「八月十日，遂不起，取筆作詩，絕筆而終，殊無分香賣履之意。」

「分香賣履」典出《陸機·吊魏武帝文》引《曹操遺令》云：「余香可分與諸夫人。諸舍中無所為，學作組履（鞋帶兒）賣也。」

這個典故分明說明趙明誠與曹操一樣蓄有妻妾，只是趙明誠臨終時無「分香」之囑罷了。

假如趙明誠根本無蓄妾室，那麼，清照悼念他時引用「分香賣履」的典故，就成了天下的笑話。清照明睿過人，學識淵博，她怎會濫用與身世休戚攸關的故實？

李清照既然生活在封建時代，她的婚姻也必然要受到那個時代風尚的制約。可她偏偏又是個感情豐富，追求眞摯愛情的叛逆女性，因此，她更加敏銳地感受出社會風尙對她的婚姻生活的影響，更加深刻地體驗到失去愛情的夫妻關係所產生的痛苦。

值得慶幸的是，寫作能夠給予清照精神寄託和情感補償。她將她的幸福和快樂經過精心加工後，藝術地留存在天地之間；她內心深處的痛苦經過過濾之後，隱藏在她筆端下的字裡行間。

每一個讀她作品的人都被迷倒在她那精美絕倫的藝術品中，沉醉在她的纏綿深情之中。

她在生活中失卻的愛情，在藝術中得到補償和找到寄託。

她在藝術中追求愛情。

她在藝術中實現了自我的超越。

永恆的眷念

詩人拜倫說：「男人的愛情是男人生命中的一部分，是女人生命中整個的存在。」

作爲詩人的尼采也這樣說：「愛情這個字事實上對男人和女人表示了不同的含義。女人對愛情的意義了解很清楚，它不僅需要忠心，而且要求整個身體和靈魂的奉獻，沒有保留，沒有對其他事物的顧慮。這種無條件的性質造成所謂的忠誠，這種性質是她唯一所有的。至於男人，假如他愛一個女人，他所要求女人的遠勝於要求他自己的感情；假如有些男人，他們能完全放棄欲望，他們必定不是男人。」

這些議論雖然是站在男性自我中心的立場上發出來的，但也是對於過去幾千年來女性情感生活的一種描繪。

《紅樓夢》裡賈寶玉說：「女人是水做的骨肉」，眞正是至理名言：

女人忠貞，柔情如水；

女人地位低微，愁深如海，

她們永遠爲情所累。

無論曾受過什麼樣的傷害，李淸照從沒動搖過對趙明誠的忠誠，他是她一生的摯愛。

從她出嫁到謝世，她有二十八年的婚姻生活，近三十年的寡居歲月，這五十多年的漫長歲月，趙明誠一直是她情感世界的主宰。趙明誠雖然英年早逝，但他在淸照心中獲得了精神上的永生。

李淸照活著，日復一日的在人世間的風刀霜劍中煎熬。丈夫活著時，即使是獨守空房，她還是有家，有人生保障，有一個情感寄託的實體對象。中年以後，茫茫人海，她孤苦無依，如一隻失伴孤雁，哀哀而鳴。

她曾有過美滿的婚姻，可在外界因素的影響下，她的幸福一點點痛苦地失去了，最後讓她沉入絕望的深淵中。

在那兵荒馬亂，人心惶恐的年代裡，李清照曾試圖為自己尋找一個可以共渡餘生的人，不幸徹底失敗。好在她素來有主見，性格剛烈，不惜花費積蓄，甚至付出坐牢的代價才擺脫了改嫁百日的卑鄙小人張汝舟。但這次再嫁訟離的事實使她餘生蒙受種種非難和侮辱，給她造成難以癒合的精神創傷。

因此，對過去歲月裡曾有過的幸福快樂生活的回憶，成了她晚年苦澀生活的慰籍。翻開她晚年的作品，可以看見她深沉的憶昔傷今之感。這份痛徹肌骨的傷感被她淡淡訴來，卻有著震撼人心的力量：

〔原序〕世人作梅詞，下筆便俗，予試做一篇，乃知前言不妄耳。

籐床紙帳朝眠起，說不盡無佳思。沉香斷續玉爐寒，伴我情懷如水。笛聲三弄，梅心驚破，多少春情意。

小風疏雨蕭蕭地，又催下千行淚。吹簫人去玉樓空，腸斷與誰同倚？一枝折得，人間天上，沒個人堪寄。

——《孤雁兒・藤床紙帳朝眠起》

南朝陸凱從江南折一枝梅花寄給北方長安的朋友范曄，以梅寄情，寄贈者與收受者全都心情愉悅。睡在淡雅潔淨的藤床紙帳裡的李清照，清早醒來，聽到從遠處傳來的悠揚的笛聲，吹奏的是《梅花三弄》的熟悉的曲子。梅心聞笛驚破，梅蕊凌寒而開。她想折一枝梅花寄人，卻心酸地意識到，她尋遍人間與天上，再也尋不到個人兒可以寄送了。

吹笛人已杳無踪跡，四周靜寂無聲。只有連綿不絕的淒風苦雨，催下人珠淚千行。縱有萬般悲苦，如今又能向誰訴說？

前半生她品嘗的只能算是清愁，後半生才爲濃愁。

前半生是和淚寫詩，依恃人巧；後半生是泣血成章，只賴天成。

她把一生的悲傷，永恆的眷念濃縮爲一首千古絕唱——《聲聲慢》：

尋尋覓覓，冷冷清清，淒淒慘慘戚戚。乍暖還寒時候，最難將息。三杯兩盞淡酒，怎敵他，晚來風急！雁過也，正傷心，卻是舊時相識。

滿地黃花堆積，憔悴損，如今有誰堪摘？守著窗兒，獨自怎生得黑！梧桐更兼細雨，到黃昏，點點滴滴。這次第，怎一個愁字了得！

人生因為有美，所以最後一定是悲劇。

李清照的人生正如奧斯卡·王爾德所言，以喜劇開場，以悲劇結尾。

成功之路

昨夜雨疏風驟。濃睡不消殘酒。試問捲簾人，卻道海棠依舊。知否、知否？應是綠肥紅瘦。

——《如夢令·昨夜雨疏風驟》

尋尋覓覓，冷冷清清，悽悽慘慘戚戚，乍暖還寒時候，最難將息。三杯兩盞淡酒，怎敵他，晚來風急。雁過也，正傷心，卻是舊時相識。

滿地黃花堆積，憔悴損，如今有誰堪摘？守著窗兒，獨自怎生得黑。梧桐更兼細雨，到黃昏，點點滴滴。這次第，怎一個愁字了得！

——《聲聲慢·尋尋覓覓》

她的名字就昭示了她的不同凡響——如靜掛於夜空的明月，將清輝朗照人間。

她的光輝在中國文壇上已照耀了九百多年了，而且還將繼續照耀下去。

她有什麼特異之處能使她衝破阻礙、破雲而出，光耀人間的？

爲什麼其他闖入文學天地中的女性只成爲一顆流星，發出轉瞬即逝的流光？

春播才有秋收。人世間每一件事情的產生發展都有它自己的規律和緣由。李清照成功的因素是什麼？她成長的道路是怎麼樣走過來的？

讓我們追溯她人生的足跡，探尋她的成功之路吧！

一九三〇年光明書局出版了譚正璧的《中國文學進化史》，書中譚先生這樣評價李清照：「她的文藝的來源，絕不是薰染先代的遺傳和影響，而是『戛然獨造』的！」

這樣的評說叫人眩暈，李清照是株無根的花？

宋代王灼在《碧雞漫志》卷二中說清照：「自少年便有詩名，才力華贍、逼近前輩」。可見她是屬於資質聰穎早慧的一類。應該承認她的超人天賦是與其遺傳因素有關的。

清代的陳景雲看出了這點，所以他說：「李易安……文叔之女也。其文淋漓曲折，筆墨不減乃翁。『中郎有女堪傳業』，文叔之謂耶！」

陳景雲用漢代的大文學家蔡邕與女兒蔡文姬的繼承關係，來比喻李格非與李清照的關係。由此可見，李清照的成長與家庭教育和環境薰陶有密切關係。

書香門第

年過半百的李清照流寓在江南，她依然是以詩書為伴，用筆墨寄情。

雖然離故鄉已是千萬里之遙，雖然她的父母早已仙逝，可她對養育她的那個家依然懷著深情和驕傲：

嫠家父祖生齊魯，位下名高人比數，
當時稷下縱談時，猶記人揮汗成雨。

——《上樞密韓肖胄詩》

這是李清照紹興三年（一一三三年）寫的詩《上樞密韓肖胄詩》中的句子，意思是說：她的父祖世居齊魯大地，雖然官階不高，但名望很大，學識淵博，擁有不少門生。她至今還記得，當時家鄉一帶談論他們的人很多，多到揮汗成雨的程度。

對於這樣一個詩禮傳家的書香門第，李清照一生都引以爲榮。

李清照的母親王氏也富於文學修養，但對李清照的成長起決定作用的是父親，爲此，對她的父親有稍加論述的必要。

李清照的父親李格非，字文叔，是北宋著名學者和散文學家。但他的生卒年今日已考證不出了。

李格非是個有談士風度的士大夫，一生行事總不大注意符合時宜。

年輕時，他專門「用意經學」。

封建社會讀書人的晉階正途是通過進士考試。宋太祖趙匡胤自「陳橋兵變」奪取政權後立下皇規：抑制武將、優待文人。宋朝成爲中國歷代封建王朝中對文人最寬鬆、最自由的一個朝代。

朝廷優待文人的一項最大政策就是設立了名目繁多的科舉考試，以給讀書人廣開晉階之門。

李格非卻不為取進士而改變初衷。他悠然地坐在他的濟南老家書屋裡，伴著清清泉水，映窗竹影，專心致志地研究經學，直至寫出了幾十萬言的《禮記說》。

書成之後，李格非名傳天下。

宋朝皇帝偏好道教，宋眞宗就曾自稱為「天尊下降」。宋徽宗更進一步，稱自己為教主道君皇帝。在這樣的社會風氣中，李格非專意於研究經學，確有點兒不合時宜。

李格非幼年就有才名，他也是屬於那種資質聰穎早慧的一類，宋人以能詞而得官爵，能詞而受賞賜者，比比皆是，李格非並非不精通考進士所必須的詞賦，只不過是不屑於附合時俗罷了。

由此可見李格非孤傲的一面。這一性格特點在李清照身上繼承下來。

宋神宗熙寧九年（公元一〇七六年），李格非進士及第，從此踏入了仕途。

剛入仕途，官小薪水低。李格非在做鄆州教授時，郡守見他收入低，家庭生活困難，就打算讓他兼職，以便增加一些收入，李格非卻婉言辭謝。

宋哲宗紹聖元年（公元一〇九四年），攝政的太皇太后去世。擺脫了祖母控制的哲宗，把對祖母的憤懣發洩到祖母高太后任用的一批大臣身上。他召回了在高太后元祐年間被貶的新黨，流放元祐舊臣。蘇軾是這次打擊中的重點人物，蘇門弟子大多受牽連而遭打擊。

身爲蘇門弟子的李格非在劫難逃。

可他仍是不識時務的正人君子。他拒絕了宰相章惇的拉攏，絕不做見風轉舵的政客。他維護自己做人的尊嚴，便失去了升官的機遇。於是，他被趕出朝廷貶爲廣信軍通判。

自宋眞宗大中祥符二年（公元一〇〇九年）命天下建天慶觀，道教由是大盛。近九十年的時光，在朝廷的影響下，各地道士也威風起來。替人算命，裝神弄鬼，哄騙財物，招搖撞騙。

一天，李格非出門公幹，在路上遇上一個坐在高頭大馬所拉的富麗豪華車子裡的某道士。車騎碾起的塵土紛紛揚揚，李格非深惡道士的驕橫，令隨從將道士從車子裡拖出來，痛打了一頓，揭穿了道士的坑騙行爲，然後將他驅逐出境。

身處政治漩渦，處於受排擠遭打擊境地的人，竟然不考慮自身的安危，還敢觸犯權貴，招惹是非，足可見李格非的正直與勇氣。

蘇軾評價文叔「文如其人」。拿這四個字來形容李格非眞是恰如其分。他的行文就如同他的爲人——眞摯、酣暢。

讀讀他的《書洛陽名園記後》就可感受到他的文學風采：

「洛陽處天下之中，挾殽、澠之阻，當秦、隴之襟喉，而趙、魏之走集，蓋四方必爭之地也。天下常無事則已，有事則洛陽必先受兵。予故嘗曰：『洛陽之盛衰，天下治亂之候也』。

方唐貞觀、開元之間，公卿、貴戚開館列第於東都者，號千有餘邸。及其亂離，繼以五季之酷，其池塘竹樹，兵車蹂践，廢而爲丘墟；高亭大榭，煙火焚燎，化而爲灰燼，與唐共滅而俱亡者，無餘處矣。予故嘗曰：『園圃之廢興，洛陽盛衰之候也。』且天下之治亂，候於洛陽之盛衰而知；洛陽之盛衰，候於園圃之廢興而得。則《名園記》之作，予豈徒然哉？

嗚呼！公卿大夫，方進於朝，放乎一己之私意以自我，而忘天下之治忽，欲退享此樂，得乎？唐之末路是矣！」

洛陽是我國六大古都之一，從東周起，先後有東漢、曹魏、西晉、北魏、隋、武周、五代唐等九個朝代建都洛陽。故有「九朝名都」之稱。

洛陽因爲位置適中，形勢險要，所以成爲兵家必爭之地；因爲是四方必爭之地，洛陽又先後遭搶奪，所以從洛陽的盛與衰上就可以看見世事的治與亂。而洛陽本身的興衰，從它花園房舍的興建和坍敗上就可知道。

文章在經過歷史的反思後，轉入富有現實意味的議論：「嗚呼！公卿大夫，方進於朝，放乎一己之私意以自爲，而忘天下之治忽，欲退享此樂，得乎？唐之末路是矣！」

這樣的批評不能不說是尖銳的。

根據歷史記載，北宋末年，從皇帝到各級官員，窮奢極欲，腐敗透頂，就是早些時候以儉樸著稱的司馬光，也在洛陽建有「獨樂園」。

李格非目睹現狀，慨嘆現實中要重蹈歷史覆轍者，同時，也警告當權者要居安思危，要從長計議，若無長治，則不可能有久安；若無大治，局部的安逸也不能久長。

可惜，他的警告，統治者根本不屑於聽，奢侈糜費之風卻是愈吹愈烈。

宋徽宗趙佶，曾經仿照杭州鳳凰山，在東京汴梁建造了一座萬歲山，這座人造山方圓十餘里，峰高九十尺，耗費了大量的人力、物力，人民怨聲載道。

上有所好，下必甚焉。北宋的名公巨卿在西京洛陽、東京汴梁大都闢有地域廣闊的花園。宰相蔡京本已有了一座綠樹如蓋的花園，但他猶嫌不足，於是又毀民宅數百間再造一座西園。

形勢的發展將李格非的預言變成了事實。

不久之後，金人入侵，宋徽宗、宋欽宗二帝成了金人的階下囚，洛陽名園付之一炬，萬歲山上的亭臺樓閣，被憤怒的百姓拆得片瓦不存。

從此，人們再讀起李格非的這篇文章，聯想起北宋末年那段慘痛的歷史，無不唏噓感嘆。

這篇文章行文簡潔，邏輯嚴密，結構嚴謹。既有歷史感，又有現實感；情中寓理，理中含情，慨嘆中見沉著，富於凝重感，在議論散文中是不可多得的珍品。

李格非一生著述雖豐，曾有四十五卷詩，文集行世，但流傳下來的僅有詩、文若干篇，散見宋人載籍。

我們可以從宋人的評說中想見他當日的文學風采。

蘇門四學士之一的張來在李格非的墓志銘中說：「文叔筆勢與淇水相頡頏。」

這裡是以淇水比喻形容李格非文筆酣暢，縱橫恣肆，氣魄宏大。

王稱在《東都事略》中說：「格非苦心於詞章，陵轢直前，無難易可否，筆力不少滯。」

這是說李格非的文章已達到爐火純青、出神入化的地步。

大詩人劉克莊在《後村詩話》中，稱李格非「文高雅修鬯有意味，在晁秦之上。」說他的文章比晁補之、秦觀還高，這個評價就已不低了。

另一位叫韓淲的人在《澗泉日記》中的評價更高：「尹少稷稱：李格非之文，自太史公之後一人而已。」

當然，這恐怕不乏溢美偏愛之詞，但由此可知當時的人們是推崇李格非的文學才華的。

雖然我們今天已經不可能看見他的詩、文集全貌了，但「窺一斑而知全豹」，我們可以藉由閱讀他的《洛陽名園記》感受到他的文學風采。

李格非不僅散文寫得出色，而且有很高的詩詞修養。最具獨創性的是他提出的「誠著」兩字作爲文學批評的標準。

漢魏時曹丕，唐代的韓愈，都提出「文以氣爲主」的著名論斷。

曹丕說的「氣」指人身之氣，即作者的自然稟賦。稟賦不同，作品也就各有短長。他認爲，各種不同質的氣歸根到底是由清濁（也就是陰陽）二氣構成的，而人所賦有的清濁二氣是與生俱來的，既不靠後天的培養，也不憑血緣的遺傳。

這就陷入了神秘論。由於把社會因素排除在外，對「文氣」這種複雜的文學現象自然也不能給以正確的解說。

韓愈認爲「仁義之人，其言藹如。」立言要以立行爲本。作者的主觀修養臻於成熟，則氣盛而言宣。這裡的「氣」不完全指自然稟賦，而歸結到立身有准的品德修養方面。

在前人的基礎上，李格非進一步提出「氣以誠爲主」。什麼是「誠」？就是詩文要有眞情實感，要像從心裡掏出來的一樣。他說陶淵明的《歸去來辭》「字字如肺腑中流出，遂高步晉人之上，其誠也。」他還推崇劉伶的《酒德頌》，諸葛亮的《出師表》，李密的《陳情表》。因爲這些文章「皆沛然從肺腑中流出，殊不見斧鑿痕。」

他以這樣的理論指點著女兒的閱讀和寫作，影響著女兒一生的創作。

李格非是統治階層中的一員，受的是儒家正統教育，可他欣賞和欽慕的是具有狂放不羈、傲然視物的叛逆個性的陶淵明、劉伶。由此可見，他也是一個不因循守舊的人。唯其如此，他才不在意李清照是個女孩。

他的女兒可接受和男兒一樣的教育，可以不受任何束縛地發展和發揮她的天賦才能。

幼年時李清照可以不讀《女誡》而讀詩詞；可以不做針織女紅而寫詩作畫；可以寒食斗草，蹴盪秋千。

按常規，一個大家閨秀，是應該大門不出，二門不邁的，可李格非的女兒不但可以出門盪舟，還可以喝酒，喝得酩酊大醉。

只有這樣具有現代思想的封建叛逆者才能夠不摧殘女孩子的天才，將她培養成才情卓著，性情豪放的傑出女性。

自古以來，天資聰慧的女孩子不計其數，可能成長爲優秀作家的並不多，她們往往在童年時代就被父母塞進了做封建淑女的模式中，長大以後，就只能做三從四德的賢妻良母。

李清照何其有幸，她出生在一個富有文學修養，具有開明思想的家庭中。她在人生之初，被父母放在知識的海洋、大自然的懷抱中任由性靈發展自由成長。

至今還清晰可見，李清照那種評古說今，孤林傲世的性格，她的清新明快的才思和嚴肅認眞的寫作態度，還有她的感同身受，發自內心的作品，都留有她父親的流風遺韻。

談笑有鴻儒

宋神宗元豐八年（公元一〇八五年），李清照三歲，宋神宗駕崩，他的九歲的兒子煦即位，是爲哲宗。朝政由新皇帝的祖母高太后攝政，高太后以司馬光爲門下侍郎，主理朝政。漸廢熙寧新法，一個新的歷史階段——元祐年間開始了。

當年被新黨貶到黃州的蘇軾被召還朝。

大詩人黃庭堅也被召進京城，任秘書郎，並正式拜在蘇軾門下。

蘇軾身邊聚集了一大群文壇上的傑出人士。他們用自己的文學創作使北宋文學熠熠生輝。這時的「蘇門四學士」已名播天下，盡人皆知。他們是黃庭堅、秦觀、張耒、晁補之。後來又增加兩個，一個是李廌，一個是陳師道，共爲「蘇門六君子」。

哲宗元祐元年（公元一〇八六年），李格非做太學博士，以文章受知於蘇軾，成爲蘇門「後四學士」之一。

哲宗元祐四年（公元一〇八七年），李清照七歲了，李格非在京城西面租賃了一處房舍。他令家僕在南面的房屋四周種上竹子，命名爲「有竹堂」。下午下班回家後，他就坐在這間竹圍翠繞的書房中讀書、著文，怡然自得。

竹，在中國人心目中，是高風亮節的標誌。

蘇軾曾說過一句名言：「寧可一日食無肉，不可一日居無竹」。

李清照就在這綠竹掩映的庭院裡讀書、習畫、彈琴、賦詩。家中客人雖然不算太多，卻是來往無白丁，談笑有鴻儒。她在這種充滿藝術氛圍的環境中幸福快樂地成長著。

父親是蘇門弟子，蘇門諸人常來李宅詩酒唱和。他們是父親的朋友同時也是女兒的老師。

他們中最光彩照人的是老師蘇軾蘇東坡。他是令人傾倒卻又令人望塵莫及的天才；他的一些不合傳統規範的詞作在他的弟子中間引起了爭議。

最年長、名氣最大的弟子是黃庭堅，他和他的老師一樣，喜歡以散文式的方法寫詩詞。他理解他的老師，說東坡先生是「格律中束縛不住的」。

但黃庭堅的最大成就卻在詩。

在李清照眼裡，比她大四十歲的黃庭堅實在是個有趣的人物。他沉默寡言，有學者風度，他是江西詩派的開山祖師。這一詩派在中國詩壇上綿綿流傳了近千年。然而，這一位天才的言行常有自相矛盾的地方。

他說：「隨人作計終後人，自成一家始逼眞」。所以他自創門庭，在詩名上與老師並稱爲「蘇黃」。

可是他又說：「自作語最難。……古之能爲文章者，眞能陶冶萬物，雖取古人之陳言，入於翰墨，如靈丹一粒，點鐵成金也」：

「詩意無窮而人之才有限，以有限之才追無窮之意，雖淵明、少陵不得工也。然不易其意而造其語，謂之換骨法；窺入其意而形容之，謂之奪胎法。」

他的這一套創作理論，被江西派人奉爲金科玉律。

而事實上，他的這種「奪胎換骨」、「點鐵成金」的理論爲後世那些模擬剽竊者提供了冠冕堂皇的藉口。

他的「無一字無來處」的理論竟使後世詩人走進了形式主義的泥塘。幾百年後的清朝偉大作家曹雪芹寫的《紅樓夢》裡還有一個生動情節。元妃省親，命弟妹作詩。因要遵循「無一字無來處」的詩訓，賈寶玉急出了一身冷汗。幸得博學的薛寶釵指點才得矇混過關。

李清照讀書博聞強記，自是不會出賈寶玉式的洋相，可她自小接受的這一詩派的「點鐵成金」、「奪胎換骨」的作詩方法，使她在創作詩歌時愛點化古語，排比故實，爲後世解詩者帶來很大困難，這不能不說是個弊端。

黃庭堅對李清照影響最深重的是他提出的兩條做詞原則「以故爲新」、「以俗爲雅」。可是他自己並未做到，他僅在字面上著眼，使他的詞創作通俗得幾乎失去文學意味。

用通俗語言寫詞，古今以來最成功的只有清照一人。

劉體仁在《七頌堂詞繹》中說：

「柳七最尖穎，時有俳狎，故子瞻以是阿少遊，若山谷亦不免，如『我不合太撋就』類，下此則蒜酪體也，惟易安居士『最難將息』，『怎生一個愁字了得』深妙穩雅，不落蒜酪，亦不落絕句，眞此道本色當行第一人也。」

在今後一生的詞創作中，李清照完美地將黃庭堅失敗了的詞創作實踐，變成了別具一格的「易安體」。

黃庭堅那時絕不會想到，「有竹堂」中那個聰慧活潑的小姑娘將來竟然能在詞的創作上遠遠超出他的成就。

蘇門弟子中對蘇詞詩化這一點感到不滿意的是陳師道。

他說：「退之以文爲詩，子瞻以詩爲詞。如敎坊雷大使之舞，雖極天下之工，要非本色。」

詞的本色是什麼?

年幼的李清照思索著陳師道的批評。她在長大成人後不僅用自己的創作實踐，而且用《詞論》這篇理論文章回答了這個問題。

陳師道字履常，又字無己，別號後山居士。這是個怪僻的、倔強的、傲氣的人，一生困窘卻安貧樂道。

崇敬他的傅堯俞去拜見他，知道陳師道貧窮，懷裡帶著黃金想贈送於他。見了面，傅堯俞卻被陳師道的凜凜傲氣折服了。他滿腔敬畏，不敢拿出黃金怕褻瀆了陳師道。

蘇門中人差不多都是文思敏捷，風流瀟灑的才子，只有陳師道是苦吟派詩人。

陳師道每次出外遊覽，一有所得，立即急速返家，睡到床上，還用被子緊緊蒙在頭上，他稱之爲「吟榻」。

這時候，他討厭有任何聲響，家裡人了解他的這個怪癖，把貓、狗都趕出門去，孩子也都抱到隔壁鄰居家。全家人都屏住呼吸，只有等他的詩詞寫成了，家裡人才敢鬆一口氣。

這位古怪的長者是李清照未來夫婿趙明誠的姨父。他雖然十分鄙視趙明誠的父親，寧願凍死，也不穿妻子從趙家借來的衣服。可他十分喜愛趙明誠，他們倆一直保持著親密聯繫直到陳師道去世之時。

那時，他恐怕是兩個未來小夫妻之間的共同朋友和橋樑。

詞寫得最柔美精巧，悱惻動人的當屬秦觀秦少游。

他是詞中的美少年，他與他的老師的詞風一點兒也不相同，他是完全遵循著詞的傳統寫作的。讀讀他的詞吧：

1.「山抹微雲，天連衰草，畫角聲斷譙門。」（《滿庭芳》）——此闋寫景極其淒婉動人。

2.「兩情若是久長時，又豈在朝朝暮暮？」（《鵲橋仙》）——此闋寫情一往而深。

3.「小園幾許，收春光，有桃花紅，李花白，菜花黃。」（《行香子》）——此闋寫來平易近人，當行本色。

4.「無一語，對芳樽，安排腸斷到黃昏，甫能炙得燈兒了，雨打梨花深閉門。」（《鷓鴣天》）——此闋詞寫得情韻兼勝。

他這種善於用藝術形象的語言，表達深刻細膩的情感，筆力細緻而又音律和美，頗有情韻兼勝之妙的創作方法，深深地影響著李清照。

知否、知否，應是綠肥紅瘦。

——《如夢令·昨夜雨疏風驟》

莫道不銷魂，簾捲西風，人比黃花瘦。

——《醉花陰·薄霧濃雲愁永晝》

清照這兩首詞中極受人讚賞的句子完全是從秦觀的《如夢令》中的句子脫化而來：

依舊，依舊，人與楊柳俱瘦。

消瘦，消瘦，還是褪花時候。

可清照青出於藍而勝於藍，她以人與黃花比瘦，隱然有以幽人高士與傲霜的秋菊爭高比潔之意，其意義或形象比秦觀的詞更勝一籌。

馮煦說：「淮海（秦觀號淮海居士）、小山（晏幾道的號），古之傷心人也，其淡語皆有味，淺語皆有致。」（《宋六十一家詞選例言》）這是很能令人會心的評語。

秦觀詞以寫「愁」著名：

1.「自在飛花輕似夢，無邊絲雨細如愁。」（《浣溪沙》）。

2.「飛紅萬點愁如海。」（《千秋歲》）。

3.「過盡飛鴻字字愁。」（《減字木蘭花》）。

4.「便做春江都是淚，流不盡許多愁。」（《江城子》）。

而清照一生與愁相伴隨，她比秦觀感傷個人身世的悲慨裡，又多添了一種家國之恨。因此，她對秦觀詞自然多生一份親切之感。她寫「愁」更細、更全、更准：

1.「正人間天上愁濃」（《行香子·草際鳴蛩》）——愁有濃度。

2.「寂寞深閨，柔腸一寸愁千縷」（《點絳唇·寂寞深閨》）——愁有長度。

3.「獨抱濃愁無好夢」(《蝶戀花‧暖雨晴風初破凍》)——愁有形體，可以擁抱。

4.「酒從別後疏，淚向愁中盡」(《生查子‧年年玉鏡臺》)——愁有容量可以裝盛淚水。

5.「愁損北人、不慣起來聽」(《添字采桑子‧窗前誰種芭蕉樹》)——愁竟有一股力量損傷人。

6.「只恐雙溪舴艋舟，載不動許多愁。」(《武陵春‧風住塵香花已盡》)——愁竟有了重量，不但可隨水而流，並且還可以用船來載。

………。

眞正是「怎一個愁字了得！」(《聲聲慢‧尋尋覓覓》)。

有人說：「易安跌宕昭彰，氣調極類少游。」(《菌閣瑣談》)、「其源自從淮海、大晟(指周邦彥)來。」(《白雨齋詞話》)等均說得極有見地。

但秦觀詞格的過於纖弱和淺俗，又使李淸照感到美中不足。

因此她大膽地批評秦觀詞說：「秦即專主情致，而少故實，譬如貧家美女，雖極妍麗豐逸，而終乏富貴態。」（《金石錄後序》）。

另外，還有一位高大、英武的張來張文潛，在為賀鑄的詩集寫的序中表明他自己的創作主張：

「文章之於人，有滿心而發，肆口而成，不待思慮而工，不待雕琢而麗者，皆天理之自然，而情性之道也。」

——《賀方回樂府序》

張來主張文學作品應寫得平易舒坦，不尙雕琢。因此，他寫詩作詞均「肆口而成」，難免推敲不足，語意往往復見疊出，流於草率。然而，他的平淡的風格還是很為清照所喜愛的。

北宋中後期，統治階級上層發生了劇烈的黨爭。最初的鬥爭是由王安石派的變法和司馬光派的反變法而引起的。延續到後來，兩派政治力量你上我下，互相傾軋，大起大落。而一旦執政以後，本派內部又迅速分化，爭奪益甚。神宗的動搖，高后的專權，哲宗的無能，客觀上慫恿和支持了大官僚之間的爭奪，因而，朝廷竟成了權慾薰心的官僚們操刀相向的戰場。

當時，北方遼、金對宋的威脅越來越大，但這些權貴們置外患於不顧，反而將互相傾軋的鬧劇越演越烈。當時，許多頭腦清醒的有識之士已經預感到，大宋覆蹈唐代天寶之亂的徵象已露端倪。他們不願意使盛唐變衰的歷史悲劇在大宋重演。因而，便有人藉詠開元、開寶遺事來隱喻時政之弊、揭露當朝潛在的危機。張來便是其中之一。

宋哲宗元符三年（一一〇〇年）前，張來見永州摩崖碑刻唐元結《大唐中興頌》，吊古傷今，因作《讀中興頌碑》詩：

玉環妖血無人掃，漁陽馬厭長安草。
潼關戰骨高於山，萬里君王蜀中老。
金戈鐵馬從西來，郭公凜凜英雄才。
舉旗爲風偃爲雨，灑掃九廟無塵埃。
元功高名誰與紀，風雅不繼騷人死。

水部胸中星斗文，太師筆下蛟龍死。
天遣二子傳將來，高山十丈磨蒼崖。
誰持此碑入我室，使我一見昏眸開。
百年廢興增嘆慨，當時數子今安在？

張來詩一出，黃庭堅、潘大臨等均有和作。李清照也振筆嚮應，作了兩首和詩。

《語溪中興頌詩和張文潛》其一：

五十年功如電掃，華清花柳咸陽草。
五坊供奉斗雞兒，酒肉堆中不知老。
胡兵忽自天上來，逆胡亦是奸雄才。
勤政樓前走胡馬，珠翠踏盡香塵埃。
何爲出戰輒披靡，傳置荔枝多馬死。
堯功舜德本如天，安用區區紀文字。

著碑銘德眞陋哉，乃令神鬼磨山崖。
子儀光弼不自猜，天心悔禍人心開。
夏商有鑒當深戒，簡策汗青今具在。
君不見，
當時張說最多機，雖生已被姚崇賣。

其二：

君不見驚人廢興傳天寶，中興碑上今生草。
不知負國有奸雄，但說成功尊國老。
誰令妃子天上來，虢秦韓國皆天才。
花桑羯鼓玉方響，春風不敢生塵埃。
姓名淮復知安史，健兒猛將安眠死。
去天尺五抱瓮峰，峰頭鑿出開元字。
時勢移去眞可哀，奸人心醜深如崖。

西蜀萬里尚能反，南內一閉何時開。

可憐孝德如天大，反使將軍稱好在。

嗚呼，奴輩乃不能道輔國用事張后專，

只能道春薺長安作斤賣。

張來詩開篇即指斥楊氏蠱媚惑主，竟至亂生邊庭，釀成兩京淪陷、蒼生塗炭、君主西狩的慘禍、大唐帝國也就從此衰落。幸賴郭子儀等中興名將，方得剪除群凶，光復山河，其功業自當萬古。

李清照讀張來詩，感興萬端，意從中來。故撫今追昔，和韻二首，而其詩立意卓越之處在於：

第一：安史之禍，李隆基晚年耽於淫佚，任用奸邪，要負主要責任。因此，她開篇即從大處落筆，頗有風骨，對唐玄宗天寶年間腐敗的政治局面進行了無情的暴露和批判。

張來未能擺脫以女性爲禍水的傳統偏見，而李清照卻突破了這種偏見，直言統治者過失，這是她高人一籌之處。也可見她的叛逆思想。

第二：指出安史之亂的平定與「天心」、「人心」有關，注意到民心所向在這一歷史事件中的重要作用。

張來把安史之亂的平定的全部功勞都歸於郭子儀等「英雄才」，並不完全符合歷史的眞實。而李淸照能認識到人民的力量是難能可貴的。

第三：撕下了父慈子孝、臣忠君仁的騙人面具，赤裸裸地暴露出帝王專制制度的殘忍虛僞。

肅宗剛即位時，爲籠絡人心，大談天下最大的大事，是要對老皇帝玄宗盡孝道，所以玄宗從西蜀返回長安時，肅宗跪在地下，抱著玄宗的腳，「涕泗嗚咽」，還親自送飯，親自牽馬。

然而，時隔不久，肅宗的寵信宦官李輔國，不但奪走三百匹馬，還強迫玄宗從南內遷往西內。途中，李輔國親自率五百閃刀露刃的士兵，嚇得玄宗幾乎墜馬。玄宗住進西內，高牆深院，過著被幽禁的生活。

因此，李淸照說「西蜀萬里尙能返，南內一閉何時開?·可憐孝德如天大，反使將軍稱好在」。肅宗寵信張皇后、李輔國，重蹈玄宗的復轍，結果是內外受制於人。在這種專制下，人們畏懼張皇后、李輔國的氣焰，不敢說「輔國用事張后專」，只能說被流放的高力士所作的《詠薺菜》中的詩句：「兩京稱斤賣，五溪無人采。夷夏雖有殊，氣味應不改。」用高力士園中見薺菜賦詩見志的傳說，極寫「將軍」對玄宗的忠心耿耿，以反襯李亨肅宗親為人子，不如奴輩。

筆利如刃，入木豈止三分。

第四：對帝王勒銘刻碑「盛舉」的否定。

李清照認為在人跡難達到的地方，興人工難辦的工程，這是苛政。作為君王只有恭儉謹慎，遠斥奸佞，才能使國運昌盛，其他花樣文章只是虛作粉飾，於事實並無絲毫補益。而張來歌頌的是帝王將相的「元功高名」，他認為摩崖是盛舉。

兩人在詩歌中表現出的思想觀點大相逕庭，李清照表現出銳利的政治批判鋒芒和卓越見識。因此古代評論家評論她的這二首和詩「奇氣橫溢」（《寒夜錄》），「以婦人而廁衆作，非深有思致者能之乎」（《分甘餘話》）。

年輕的李清照在思想深度上遠遠超過了這位父輩師長。

張來是蘇門弟子中活得最長久的一個人。他經受住了嚴酷的黨爭摧殘，在貧困孤寂的晚年，還不倦地傳授後輩讀書人寫作經驗與技巧，他卒於徽宗政和四年（一一一四年），死前曾爲蘇門諸友寫墓誌銘。

他給李格非的墓誌銘中，評價李格非的文章是：「筆勢與淇水相頡頏。」

蘇門弟子中與李家關係最親密的是晁補之。他是蘇門中唯一學得老師豪放詞風的人。他熱情地爲老師辯護：「蘇東坡詞，人謂多不諧音律，然居士辭橫放傑出，自是曲子中縛不住者。」

晁補之自己的詞就像他的性格——豪爽，他是李清照最早、最眞誠的推崇者。他沒有絲毫偏見歧視，他是那樣眞誠、熱情地在自己的生活圈子裡——士大夫中間誇讚著李清照，因此，清照「幼有才藻，能文辭」、「才力華贍，逼近前輩」的美譽傳遍上層社會。

少女時代的李清照在這樣充滿文學氣味的優越家庭環境中吸取著前輩的文學營養、茁壯成長。

時代風尚

北宋王朝，結束了五代十國分裂的局面，統一全國，生產力得到迅速恢復與發展，經濟趨於繁榮，到李清照出生之時，北宋已經歷一百多年的安穩建設時期，促成社會經濟高度繁榮，建築、印刷、製瓷、製茶、製糖等工業技術都達到了很高的水平。

在這樣的歷史條件下，形成大都市的發達、市民階層的擴大、工商業的繁榮、宮廷的奢侈，宋代的經濟、文化生活有了很大的發展和進步。

宋人自己記錄了當時汴京的富庶、繁華：

「八方爭湊，萬國咸通。」

「垂髫之童，但習歌舞，斑白之老，不識干戈。」

——《東京夢華錄》

宋代雖然從未停止過內憂外患的困擾，但自上至下始終沉溺於酣歌醉舞的空氣裡。

直到宋朝偏安江南時，這種浮艷豪華之風仍極盛，未曾稍減。周密在《癸辛雜記》中記載了許多帝王權貴的奢華生活：

中秋之夕，帝王在京都臨安德壽宮內橋上賞月。當時，人們崇尚朱熹儒家理學，時興身穿素服，宮中中秋賞月活動，色調也以素色爲主。

池塘盛開白色蓮花，池上之橋以瑩澈如玉的磚石砌之，並以金釘鉸。

至於帝王在橋上賞月歡宴時所用的御几、御榻以及瓶、爐、酒器等，皆以水晶製成，與月色相映成輝。

池邊兩岸宮女和教坊樂工用白玉笙等樂器奏樂，其中吹笛者就多達二百人。

此情此景恍如在月裡仙宮，而那些大臣們也不甘落後，競爭豪奢。

位極人臣的張鎡，也是南宋著名詩人，他以園林、歌伎、古玩的富麗精倫名播天下，士大夫之族都以與張鎡交往爲榮。

一天，張鎡舉行牡丹宴。當客人來臨，張鎡帶領衆賓客聚集在一間空闊的大廳裡，通向裡間的門前垂著一道厚厚的幕簾。

客人們都很驚訝，不知大廳裡爲何空空如也，主人要變什麼把戲。

張鎡看著客人們驚異的神態，不露聲色，只是問左右侍從：「香已發了嗎？」

侍從回答：「已發。」

於是，張鎡命令捲起那道簾子。

隨之，一股濃郁的香氣自裡向外飄進大廳，整個廳堂內彌漫著這種不知名的奇異的馨香。

一群侍女將美酒、佳餚送至客人座前，然後十位穿白衣，拿著樂器的歌伎出場表演歌舞，她們的頭上、衣服上的裝飾物全是紅艷艷的牡丹花。

立刻，大殿內變得春光明媚。

歌舞完畢，這群如仙女般美麗的女子飄然而去，那道做幕布的簾子又放下了。

回過神來的客人們邊吃邊談，心曠神怡。

不久，那種異香又飄進大廳裡來了，簾子又捲了起來，新換上了十位穿著各色衣裙的美麗歌伎，佩戴著不同顏色的牡丹花出場演出。

簪白花的穿紫衣，簪紫花的穿鵝黃色衣，簪黃花的則穿紅衣。

酒過十巡，穿衣佩花各異的歌伎換了十巡，她們唱的、舞的全是前輩詩人的詠牡丹花的名篇佳作。

當夜深宴畢，歌舞者已達一百多人。她們端著閃著紅光的蠟燭，排成兩行送客。

春風輕柔，美女如雲。她們衣衫艷麗，花香歌甜。賓客們帶著濃濃的酒意在這燭光香霧、輕歌曼語中離去，恍恍然，疑心自己在迷幻仙境中。

只有半壁江山的南宋王朝是這樣奢華，一統天下的北宋王朝更有過之而無不及。在這種空氣中都散發著綺羅脂粉香澤氣息的社會環境中，最適合這種歌舞風靡的社會環境的一種文學樣式——配合聲樂歌唱的詞，在宋代長足地發展繁盛起來了。

宋太祖趙匡胤奪取政權後，便「杯酒釋兵權」，他勸開國的武將們「多積金帛田宅以遺子孫，置歌兒舞女以終天年」。

在最高統治者的倡導下，許多達官顯貴，或竟蓄歌伎，或流連坊曲，競相塡寫新詞；朝野上下，均以能詞爲榮。

眞宗、仁宗、神宗都通曉音律，而徽宗更是詞中聖手。高宗對詞人賞賚甚厚。宋人以能詞而得官爵，能詞而受賞賜者，比比皆是。

熙寧七年（一〇七四年），丞相韓縝北使遼國劃分地界，因爲在離別之時給愛妾寫了一首《風簫吟·芳草》的詞，神宗讀了很感動，特派遣步兵司遣兵爲韓縝搬家追送。出疆使節，得以讓愛妾追隨。另外尙有：

1. 宋祁以《鷓鴣天》一詞受皇帝宮女之賜。

2. 蔡挺以《喜遷鶯》一詞而有樞管之命。

3. 蘇軾以《水調歌頭》而獲神宗讚嘆。

這樣的例子不勝枚舉。

由此可見詞與宋人的得失榮辱有密切關係。於是，詞也就在君王的倡導、文人的創作、歌伎的演唱中興盛起來了。

在唐時萌芽的詞，在宋時燦爛輝煌，成爲文學園地中的一朵奇葩。許多詞人因有名篇佳作，而被稱爲詞林佳話。

宋祁因《玉樓春》一詞中有「紅杏枝頭春意鬧」一句，寫活了春意而被宋人譽爲「紅杏枝頭春意鬧簡書」。

張先的綽號叫「張三影」。他寫詞喜用「影」字，句句都寫得空靈幽美。最有名的一句是「雲破月來花弄影」，當他去拜訪宋祁時，宋祁稱他爲「雲破月來花弄影郎中。」

秦觀被人讚爲「山抹微雲秦學士」。一次，秦觀的女婿范元實參加一次宴會，一開始他並未被人注意，坐在酒席下座，當他被人問及是什麼人時，他說：「某乃『山抹微雲秦學士』女婿也。」於是，衆人欽慕不已，立即讓他坐上席。

青面長身的賀鑄，因有一句描寫「愁」的形象優美的詞句——「試問閒愁都幾許？一川煙草，滿城風絮，梅子黃時雨」，而被宋人起了個秀氣柔媚的綽號——「賀梅子」。

中國歷史上沒有那一個王朝像宋朝的皇帝那樣「抑制武將，厚待文人」。這樣的結果，使宋朝在軍事、政治上成爲中國歷史上最積貧、積弱的王朝。

中國民間廣爲流傳的楊門女將的故事，便道盡了人們對這個孱弱王朝的嘲諷。但宋朝是中國歷代封建王朝中最爲優待文人的王朝。宋代不殺文人，廣開才路，廣開言路，使文人有較多的自由、較好的條件進行文化積累工作。

因此，宋代充盈著濃郁的文學藝術氣息。

何其不幸，李清照出生在束縛壓抑婦女的封建時代。後半生遭逢國破家亡，喪夫離異，顚沛流離之苦；作爲一個女人，她生前身後蒙受那麼多的評說譏笑；她沒有能留下更多的詩詞作品和可靠資料，供後人欣賞、研究、借鑒。

然而，何其有幸，李清照出生在社會風氣比較自由開放的北宋這一特定的歷史環境中，這時士大夫階層對女子展露才華仍持鼓勵與讚賞的態度，從晁補之在士大夫中介紹，誇獎李清照的詩才一事便可見其社會風氣。

更爲有幸的是，李清照有一個富有文學素養的開明的父母，他們將她培養成了一個具有大膽活潑、自由奔放性格的博學才女，給了她優異的遺傳因素和良好的家庭環境，爲她的成才提供了最初，也是最重要的條件，使她的文學天賦沒有被扼殺在搖籃裡。

而宋代興盛起來的詞，爲婦女創作提供了一種最合適的文學形式。

傳統觀點認爲，詩莊詞媚。

詞是專寫兒女之情、離別之感的，因而寫得婉約柔媚。而這樣的內容和風格正合適於被深禁於閨閣中的多愁善感、溫柔多情的女子抒發。她們的生活天地狹窄，自身命運難於掌握，內心深處充滿憂愁；她們情感細膩、豐富、感悟力強。

她們用滿腹的閨怨去寫這種表現愁怨的詞，實在是有得天獨厚的優勢。因此，多情、多才的李清照有機緣得以登上宋乃至中國文學史上名家之列。

經歷坎坷

優越的家庭環境和開放的社會風氣爲李清照成長提供了便利條件，然而，如果她自己不付出努力，是不會有太大成就，更不會成爲中國文學史上最傑出的女作家。

從李清照作品的筆觸範圍可知，她自小不但誦讀經史文集、詩詞歌賦；而且筆記小說、軼事遺聞，無不流覽，她如此勤奮好學才會造就她將來的博聞強記。

直到晚年，她還很勤奮，在六十八歲高齡之時還訪求宋朝大書法家米友仁為其父米芾帖書跋。大約七十三歲時還在物色學業傳人，欲以一生所學傳授於人，可見其靈魂的堅強和對藝術的獻身精神。

李清照從小就好勝心強，為了顯示自己的才能，她作詩喜押「險韻」——一些韻部很窄、字數較少的韻。藝術上最忌平庸，李清照幼年所下的這番功夫，鍛練了她的才能，為她以後在詩詞創作上取得傑出的成就打下了堅實的基礎。就連娛樂玩耍，她也投入熱情，認眞思索。

採選、打馬，是閨房裡小姐們玩的文雅遊戲。採選，又名彩選格，古代一種博戲，頗類後世升官圖遊戲，比較複雜，能夠精通的人不多。打馬，是古代的一種棋藝遊戲，因棋子稱作馬而得名。

她從這些遊戲中，悟出了「業精於勤」的道理：「慧則通，通即無所不達；專則精，精即無所不妙。」

隨時隨地，她在學習和吸取著成長必需的營養。

出嫁以後，李清照花費了大量心血協助丈夫進行金石書畫的學術研究。在這樣豐富的純粹藝術品堆中「意會心謀，日注神授」（見《金石錄後序》）了二十餘年，對於本是天才的李清照發生了深刻的影響，養成了她一種去蕪存菁極洗練的審美和藝術手法，這種藝術手法灌注到她的詞裡，構成她那種纖塵不染的詞品。

傅東華先生說：「金石書畫是最高尚的藝術，它們是表現最純粹的美的，就是所謂『線的美』。這種線的美最無粘著，最能超脫自然而獨立，所以凡是曾有這種美的素養的，其所作詩文必能進入清空的境界。」

李清照於天賦才能及幼年教育之外，又獲得極豐富的藝術經驗。這對於她詞格的造就，實在有非常重要的影響。

李清照一生經歷曲折複雜，這豐富的生活內容豐富了她文學創作的內容。

少年時代所經歷的表面繁華的北宋社會，發達的工商業，繁榮的都市所產生的都市生活和都市文學風氣都對李清照產生了影響：

繡面芙蓉一笑開，斜飛寶鴨襯香腮，眼波才動被人猜。
一面風情深有韻，半牋嬌恨寄幽懷，月移花影約重來。

——《浣溪沙·繡面芙蓉一笑開》

這首《浣溪沙》詞寫一位風韻韶秀的女子與心上人幽會，又寫信相約其再會的情景。內容大膽、富有戲劇效果。

像這樣毫無顧忌的描寫愛情的作品，李清照還寫了許多，充分顯示出都市社會風氣和都市文學氣氛對她的薰染。即使到了後期，她那種感時傷亂、撫今憶昔的思想感情，也都植根於這一階段的生活。

中州盛日，閨門多暇，記得偏重三五。鋪翠冠兒，撚金雪柳，簇帶爭濟楚。如今憔悴，風鬟霜鬢，怕見夜間出去。不如向簾兒底下，聽人笑語。

——《永遇樂·落日鎔金》

張端義在《貴耳集》中寫道：

記。

「易安居士李氏，趙明誠之妻，《金石錄》亦筆削其間，南渡以來，常懷京洛舊事，晚年賦《元宵·永遇樂》詞。」

只要讀讀她這一類的作品，就會明白青少年時的生活在她心中刻下的深深印

中年以後，國破家亡，丈夫病死，多年收集的文物散失殆盡，她孤獨困苦的流落在江南，一身承受「玉壺頒金」的政治打擊和改嫁非良善之人的痛苦折磨。可是她在兵荒馬亂、顛沛流離中卻產生了在安穩生活中絕對寫不出的動人作品：

風住塵香花已盡，日晚倦梳頭。物是人非事事休，欲語淚先流。
聞說雙溪春尚好，也擬泛輕舟。只恐雙溪舴艋舟，載不動、許多愁。

——《武陵春·風住塵香花已盡》

這首詞作於紹興五年（一一三五年）避亂金華時。

第一句「風住塵香花已盡」寫眼前所見之景。狂風已停，春花謝盡，所餘唯

有沾滿泥土的落花發出的塵香，春光已一掃而盡。眼前的景色與詞人的厄運相似。

因此，沒有了生活希望的詞人情緒極其惡劣，雖日色已高，但她猶未梳頭。三、四句，由含蓄而轉爲縱筆直寫，以極其精煉的語言高度概括了自己悲苦的心情。景物依舊，人事全非。她經歷了國破家亡，流離受誣的種種磨難，如今是無依無靠，貧病交加，心中的愁苦正要訴說，眼淚已經先流出來了。詞人以「事事休」來表現自己的心理狀態，以「欲語淚先流」這一外部形象來表現自己無法傾訴的內心痛楚。

上闋寫由風住塵香而觸發的物是人非的深沉痛苦，下闋則宕開，從遠處談起。

清照是最喜愛自然山水的。雙溪是浙江金華的風景區，她既有遊覽的愛好，又有需要藉遊覽以排遣的凄楚心情，因此；自然而然她就有了泛舟雙溪的想法。然而，她的痛苦是太大了，哀愁是太深了，豈是泛舟一遊所能消釋？所以在未遊之前，她就已經預料到愁重舟輕，不能承載了。她將無形的愁化爲有份量的形象，設想極新穎又眞切，是傳誦千古的名句。

幾個虛詞用得極好，將事物間的關係，詞人思想感情的轉折變化，十分準確而又傳神地表現出來。雙溪春好，只不過是「聞說」；泛舟出遊，也只不過是「也擬」，下面又忽出「只恐」，推翻了上面的「也擬」，聽說了，也動念了，結果呢，還是一個人坐在家中發愁罷了，六個虛字轉折傳神。雙溪春好，泛舟出遊，本都是實，但襯以虛字，則化實爲虛，從而更深刻地表達出題旨，寫出了人極其悲苦的心情。

這是一個備受折磨婦女的心靈傾訴。

臨高閣。亂山平野煙光薄。煙光薄。棲鴉歸後，暮天聞角。
斷香殘酒情懷惡，西風催襯梧桐落。梧桐落。又還秋色，又還寂寞。

——《憶秦娥·臨高閣》

這首詞融情入景，寫出了戰亂時的暮秋景色與暮年人的淒涼心境。

上闋寫登臨高閣所見所聞，寫的是遠景、大景。

她獨佇高閣，憑欄遠眺，撲入眼簾的是起伏相疊的群山，平坦廣闊的原野，群山與原野之上籠罩著一層薄薄的煙霧，淡淡的煙光之中又滲透著落日的最後一縷餘輝。

詞中一個「亂」字，既是寫山勢的起伏錯落、萬木的凋零紛亂，也是寫詩人在經歷了山河破碎、流離失所後的零亂的心緒。這個「亂」字既是實寫，也是虛寫。

暮色中，烏鴉歸巢，陰森、淒苦的叫聲迴盪在蕭條荒涼的秋日黃昏裡。秋風送來了遠處軍營中陣陣的角聲，淒清悲壯的角聲在提醒著人們，世界還在動亂之中。

這鴉聲和角聲，加倍地渲染出自然景色的淒曠、悲涼，給人以無限空曠的感覺。這種景物描寫，很明顯融入了作者當時的身世之感。

下闋寫近景、小景以及在這種景色中自己抑鬱、孤寂的心情。

室內香已斷，無法燃香品茗；酒亦殘，不能借酒消愁。因此她「情懷惡」。寫到這裡，灰暗的景色的關係已點明。景色灰暗是因爲心境灰暗。同樣是暮秋景色，在她年輕充滿希望與生機的心田裡，感受到的卻是「水光山色與人親，說不盡、無窮好。」（《怨王孫‧湖上風來波浩渺》）。

西風吹落了梧桐葉，既是寫自然界對生命的摧殘，也是寫人世間的風雨對她的摧殘。梧桐葉凋落了，它還能葉落歸根，可詞人呢，背井離鄉，國破家亡，她還不如一片梧桐葉。

數不盡的辛酸，一下子全都湧上心頭。她卻讓詞驟然以「又還秋色」的有聲，轉入了「又還寂寞」的無聲之中，這淡淡的八個字，含意深長，既是景語，又是情語。貌似平淡，實則哀哀欲絕！

天上星河轉，人間簾幕垂。涼生枕蕈淚痕滋。起解羅衣，聊問夜何其？
翠貼蓮蓬小，金銷藕葉稀。舊時天氣舊時衣，只有情懷，不似舊家時！

——《南歌子‧天上星河轉》

這首詞作於南宋高宗建炎三年（一一二九年）趙明誠亡故之後。寄託著強烈的身世之感，隱含著深沉的故國之思。

上闋寫秋夜傷感。

涼爽的秋夜，廣闊無垠的星空，銀河正逐漸西移。人間千家萬戶垂下了帷帳。夜闌人靜，枕席生涼，這是一個多麼宜於安睡的秋夜。可是，和衣而臥的女詞人，傷心的淚水浸透枕席，她想擺脫這種無盡的憂傷，她想強迫自己入睡，她身解羅衣，且看看夜已經到了什麼時光？

下闋寫睹物興嘆。

此闋巧妙地接寫羅衣，既與上闋緊密相承，又在讀者不覺察中把描寫範圍縮小，透過一件衣衫來抒寫情懷。

「蓮」諧音「憐」，「藕」諧音「偶」，以此來表達詞人所引發的深沉感慨：「天氣還是跟從前一樣，衣裳還是從前的衣裳，只有我的情懷再不像從前那樣！」

真正是「物是人非」，「欲語淚先流」呀！最後三句直寫，總結詞意，以舊時衣物反襯非舊時情懷，悲愴已極。

清照是運用疊字的聖手，三個「舊」字的運用，前兩「舊」字，是正常現象，後一「舊」字，是特異現象，不僅不顯得重複，而是更好地表現了「同中之異」，有強烈的對比作用，感人至深。

清照後期寫的詞，不僅抒發了個人身世之悲，而且寄寓了深沉的故國之思，表現了她眞摯的愛國情感：

> 永夜懨懨歡意少，空夢長安，認取長安道。爲報今年春色好，花光月影宜相照。
>
> 隨意杯盤雖草草，酒美梅酸，恰稱人懷抱。醉莫插花花莫笑，可憐春似人將老。
>
> ——《蝶戀花·上巳召親族》

陰曆三月上旬的巳日爲上巳節。自古有到水邊宴遊消災的習俗。魏以後上巳節改爲三月初三。這首詞寫作時間大約在紹興五年，與《武陵春》寫的時間相近。這首詞寫的是一次家宴，但這次家宴與一般家宴有不同的意義。經過戰亂，倖存下來的人在遠離故鄉的異土相聚，眞正是百感交集。

詞人一開篇就無限感慨地吟出：「漫漫長夜，歡樂的心情實在少。徒然夢見京城，依然還認識京都的舊街道。」

夢畢竟是夢，醒來一切成空。即使還能「認取長安道」又有什麼用呢？她已是舊家難歸，流落異鄉。留下的只有漫漫長夜和無盡的惆悵。

起首三句以懨懨長夜和夢回舊地為整篇詞作定下了沉重的基調，透露出詞人對故國舊家魂夢縈繞的感情和悲涼孤寂的心態。

接著兩處轉折是這首詞最突出的藝術特色。

上闋以春夜迷人的景色來反襯詞人的愁悶情緒。春夜景色越是迷人，越是反襯出詞人不佳的情緒。突出對月光花影互相輝映的美好春夜的描寫，便越加說明她刻骨銘心地思念故國舊家。兩相對比，十分強烈。

下闋在歡樂的酒宴中，發出「可憐春似人將老」的悲嘆，從而委婉曲折地表達了詞人的憂國情懷和對人生的感慨。

南宋林升寫了一首《題臨安邸》詩：

山外青山樓外樓，西湖歌舞幾時休！

暖風熏得遊人醉，直把杭州作汴州。

詩作對那些不思收復故土、醉生夢死之徒做了形象描繪，進行了辛辣的嘲諷。

在終日爲國擔憂、苦戀故鄉的清照眼裡，無論是美好悅目的春夜景色，還是稱人懷抱的美酒果品，都是一場「空夢」，美夢總有醒來的時候，佳宴總有散席的時候，與其忍受夢醒後更加空寂、悵惘的痛楚，不如警醒一些，不要爲「空夢」所陶醉。因此，她清醒地對自己、也對親人發出警戒：「可憐春似人將老」。

人老，是因爲少歡愉、受煎熬。

春如人，也被日趨衰敗的國勢催老。可見憂思深重。

整首詞含蓄、曲折，是清照詞中很有思想深度、很有特色的一篇。

風柔日薄春猶早，夾衫乍著心情好。睡起覺微寒，梅花鬢上殘。

故鄉何處是？忘了除非醉。沉水臥時燒，香消酒未消。

——《菩薩蠻·風柔日薄春猶早》

這首詞是抒發南渡後的思鄉之情的，起筆卻從心情好寫起，這對抒發鄉情起了很好的反襯作用。

春風輕輕吹拂，似乎滿含著柔情，陽光燦爛，給人帶來了溫暖，時令儘管還只是初春，然而，剛剛換上夾衫的心情卻是十分快暢的。

清晨起床，對鏡梳妝，忽然感覺到了微微襲來的寒意，同時，也看到了昨天斜插於鬢角的梅花已經揉殘損了（也有人理解爲「梅花妝」殘損、蓬亂的。據《翰苑新書》中記載，南朝宋武帝之女壽陽公主，在人日臥含章殿檐下，梅花飄著其額，成五出之花，因仿之爲梅花妝）。

也許正是這種「微寒」的感覺使她想起寒意更濃的北方故鄉，故鄉此刻正在備受敵人的踐踏蹂躪。而她自身的遭遇正如這「殘梅」，她的心抖動了一下，痛苦的感覺擴散到全身的每一個細胞。詞中的「寒」和「殘」字，體現了她的心境由平和向悲痛轉變的過程。

而這種轉變和聯想，詞人有意略去不寫，而是巧妙地將其化入間歇停頓之中，由讀者的想像去加以填綴、補充。詞人只將胸中鬱積的強烈的思鄉之情，悲憤的亡國之恨，化為痛苦絕望的問句：「故鄉何處是？」

她不能回答這個問題，她只能用醉酒來痲痺自己痛苦的心。然而，酒醉之後是不是就眞的忘了思念故鄉呢？詞人未做正面回答，卻說：「薰爐裡的沉香是在睡下時點燃的，濃濃的沉水香煙一覺醒來已經消散了，但酒醉之意並未消除。」可見昨夜酒醉之甚。為什麼醉得這麼厲害，是因為心中痛苦太深重，而清晨酒醉微醒，她就寫出了這首沉郁感人的《菩薩蠻》，可見其「酒未消」，思鄉之情更未消，「醉後也難忘」，這與李白「舉杯消愁愁更愁」相彷彿，但在表達上委婉含蓄，與「故鄉何處是？忘了除非醉」這兩句結合在一起，耐人尋味：

窗前誰種芭蕉樹？陰滿中庭，陰滿中庭，葉葉心心，舒展有餘情。

傷心枕上三更雨，點滴霖霪，點滴霖霪，愁損北人，不慣起來聽。

——《添字采桑子・窗前誰種芭蕉樹》

芭蕉爲南方的植物，樹高葉大，造型獨特優美。南方多雨，夜聽雨打芭蕉的聲音，對自小生長在北方的清照而言，自有一番煩躁淒涼的感覺，這不單純是水土氣候上的不適應，而是一種飄零淪喪的異鄉之感。她藉吟詠芭蕉抒發了她懷戀故國、故土之幽情。

窗前是誰種了芭蕉樹？
院子裡布滿樹陰。
院子裡布滿樹陰，
一片片葉子，一只只蕉心，
舒卷展卷曲都似有脈脈深情。
傷心的是夜半枕上聽雨聲，
滴滴噠噠敲打著芭蕉葉聲不停。
滴滴噠噠聲不停，

愁壞了我這北方人，

不習慣只好起來聽夜雨。

這首詞上半闋寫從室內看芭蕉成蔭，描述它的「形」與「情」。不是芭蕉有「餘情」，而是詞人有深情。

下半闋寫夜聽雨打芭蕉聲。避亂客居他鄉的人夜不成眠。夜雨不是敲打在芭蕉寬大的葉片上，而是敲打在詞人愁損的心上。夜漫長，苦海無涯。

應當特別注意的是，李清照坎坷的遭遇是與國家的危亡、民族的苦難聯繫在一起的。靖康之亂後，李清照「飄零遂與流人伍」，代表了在民族災難中階級地位下降的一部分士大夫階層。他們與普通人民接近，並有相似的命運與共同的願望。正如十八世紀德國美學家萊辛所說：「那些處境和我們最相近的人的不幸，必然能最深刻地打入我們的靈魂深處」（《漢堡劇評》）。李清照的後期抒發悲傷愁苦感情的詞作，撥動了每一個不幸者的心弦。

「國家不幸詩家幸，賦到滄桑句便工」。

如果不是時代的變亂，如果不是戰爭將她從貴族的深宅大院裡拉出，投入到逃難的洪流中去，拋進充滿痛苦、充滿血淚的現實的煉獄中去，她就只會在狹窄的深深庭院中，年年月月地唱著傷春悲秋、離愁別恨的詞句，直到走向墳墓。在藝術上，她也只能是一朵清瘦的小白菊，長不成藝苑奇葩，發不出蓋世的光華。

因此，時代給予了她許多苦難。時代也成全了她，坎坷經歷醞釀出千古絕唱：

不曾哭過長夜的人，不足以語人生。

獨步古今

有著數千年燦爛文化的華廈古國，歷來由男人的一統天下。文壇也不能例外。

有一個女性，經歷一生的磨難，帶著她的驚世駭俗之作，寂寞地、傲然地佇立在這個屬於男性的王國裡，與那些參天大樹般的文壇巨子一比高下。

她多才多藝、能詩能文，亦工書法，擅長丹青，兼通金石、音樂。

但她最偉大的成就是詞。

她的詞把她抬到文學史上最崇高的地位上。

開創「易安體」，自成體系

詞是宋代文學的代表和驕傲，從事這種文體創作的人不計其數，名家輩出。柳永與蘇軾是宋詞兩大代表人物。

有人稱「柳詞」，也有人稱「蘇詞」、「坡詞」，但絕無人稱「耆卿體」或「東坡體」。只有她——李清照創造出了詞史上獨具特色的「易安體」。宋時就有人仿效這種李易安體寫詞，最出名的有侯寘、辛棄疾，他們倆都有標明「效易安體」的詞作。

侯寘的詞爲《眼兒媚》：

花信風高雨又收，風雨互遲留，無端燕子怯寒歸晚，閑損簾鈎。
彈棋打馬心都懶，攧掇上春愁。攤書就枕，梟煙漠漠，蝶夢悠悠！
——《侯寘·眼兒媚》

辛棄疾在「博山道中」寫了一組仿效易安體的詞，與他自己作品風格絕然不同。

第一首《醜奴兒近》：

千峰雲起，驟雨一霎兒價。更遠樹斜陽，風景怎生圖畫？青旗賣酒，山那畔、別有人家。只消山水光中，無事過者一夏。

午睡醒時，松窗竹戶，萬千瀟灑。野鳥飛來，又是一般閑暇！卻怪白鷗，覷著人，欲下未下。舊盟都在，新來莫來，別有說話？

——《辛棄疾‧醜奴兒近》

第二首《醜奴兒》：

少年不識愁滋味，愛上層樓，愛上層樓，爲賦新詞強說愁。

而今識盡愁滋味，欲說還休。欲說還休，卻道「天涼好個秋」。

——《辛棄疾‧醜奴兒》

第三首《清平樂》：

茅檐低小，溪上青青草，醉裡吳音相媚好，白髮誰家翁媼？
大兒鋤豆溪東，中兒正織雞籠；最喜小兒無賴，溪頭臥剝蓮蓬。

——《辛棄疾・清平樂》

辛棄疾被罷官閑居信州（今江西上饒市）後，在博山寺築「稼軒書屋」，所以時常往來於信州到博山的道上，並以路途的生活、見聞爲題材，寫了十多首詞，我們挑選了其中三首抄錄如上。

雖然只有第一首標明了「效李易安體」，其餘都未標明效李易安體，但這一組詞風格都完全一樣——用通俗的詞彙與尋常言語來表達清新的詞意，淺近易懂，近於白話。而這正是清彭遜孫在《金粟詞話》中評價的清照詞的特色「用淺俗之語，發清新之思」。

「易安體」就是用淺俗之語，發清新之思：

1.「守著窗兒，獨自怎生得黑」。

2.「這次第，怎一個愁字了得」。

3.「被冷香消新夢覺，不許愁人不起」。

4.「寵柳嬌花，種種惱人天氣」。

5.「一枝折得，人間天上，沒個人堪寄」。

用的都是淺俗之語，卻一點兒也不予人以鄙俗之感，卻能品出言語的清雅、情致的深遠。

嘗試用淺俗語言來進行寫詞，並不是從清照才開始，在她以前就有了，柳永便是第一個打破花間派那種貴族化雕琢語言、堆砌詞藻的局面，而試圖改用比較通俗的語言來進行創作的，因此他的詞最爲下層人民所喜愛——「凡有井水處即能歌柳詞。」

始者是不容易達到完美境界的，柳永的通俗化有庸俗化的毛病，清照批評爲「詞語塵下」。因此，柳永觸犯了士大夫們的忌諱，爲上層階級所不容。

後來者黃庭堅想繼續柳永未竟之功。他在論理上提出通俗化的兩項標準——「以故爲新」和「以俗爲雅」。可惜，他在創作實踐上未獲成功。他僅在字面上著眼，他的通俗化幾乎失去了文學的意味。

用通俗語言寫詞，最成功的古今以來只有清照一人。因此，在這一點上，她眞正可以稱得上是獨步古今。

用通俗語言寫詞，最容易發生兩種毛病：一是出語鄙俗，這是柳永所犯的毛病。二是缺乏深意，失去文學的意味，這是黃庭堅失敗的癥結。

清照究竟怎樣接受前人的教訓，用什麼方法來完成這種創造呢？

這就是「詞意並工」——在淺俗語言之後，還蘊藏著清新的意思與深厚的感情。即以淺俗之語，發清新之意，從而達到了推陳出新、化俗爲雅的目的。

清照的詞從字面上看並不深奧，絕無晦澀難懂之嫌，大多數淺顯如白話，從頭到尾不僅沒有一個僻字，甚至沒有一個難字。

一般作者總以爲平淡中不會有什麼奇蹟，因此他們嘔心瀝血，盡力在字面上追求新奇，逞異標新。其實不知道「新」重在意義而不全靠字句。

平凡中的不平凡才是眞正的偉大。應該承認，用淺俗的語言，平凡的事實來進行詞的創作是很不容易的，它比用富麗堂皇的詞彙來寫詞要困難得多。

張端義說：「煉句精巧則易，平淡入調則難。」可見，他是深知其中的甘苦的。

李漁《窺詞管見》說得很好：「所最忌者，不能於淺近求新，而於一切古家秘籍之中搜其隱事僻句及人所不經見之冷字入詞中，以示新艷，高則高，貴則貴，其如人不欲見何？」

清照的詞就是能在淺近處求清新，於平淡中見深意。她所用的方法實際上就是黃庭堅所提出的「以故爲新」、「以俗爲雅」的兩條原則：

1.「以故爲新」就是採用故實亦能出清新之意。

2.「以俗爲雅」就是以淺俗之言，發清雅之意。

總之，要做到語言通俗而又使人覺得「雅」，這就必須有相當高遠而有深致的意境。意境高遠，就看不到鄙俗，所能覺出的只是深遠有致、言語清麗。

欣賞一首被評論家譽爲「情景兼至，名媛中自是第一」的《念奴嬌》：

蕭條庭院，又斜風細雨，重門須閉。寵柳嬌花寒食近，種種惱人天氣。險韻詩成，扶頭酒醒，別是閑滋味。征鴻過盡，萬千心事難寄。

樓上幾日春寒，簾垂四面，玉闌干慵倚。被冷香消新夢覺，不許愁人不起。清露晨流，新桐初引，多少遊春意。日高煙斂，更看今日晴未？

——《念奴嬌·蕭條庭院》

這首詞有的本子詞調作《壺中天慢》，題目有《春情》、《春恨》、《春思》、《春日閨情》。

此詞寫作時趙明誠尚健在。黃墨谷先生《重輯李清照集》認為此詞當寫於宣和二年（一一二一年），明誠知萊州時，易安從居地青州寄給丈夫的。

清照藉詞抒寫其春恨怨別之「情致」，感情眞摯濃郁，語言清新奇俊，音韻和諧，鋪叙有致，意境深然。是一首「以故為新，以俗為雅」的佳作。

譬如：「蕭條」一詞一般用以形容秋色，指草木凋零而呈冷落荒寂之狀，但清照在此卻用「蕭條」形容「寒食近」時節的春色庭院，自有新意。

它一方面寫出了春寒料峭的天氣，寫出了她所處的環境與氛圍，最重要的是寫出了她的感覺——由於丈夫宦遊不歸，她思念憂慮之極，心境空寂荒涼，故覺庭院「蕭條」。這是她移情於景的結果。

「斜風細雨」本指春風春雨，帶來春天的溫馨的氣息，它使人愉悅。故張志和《漁歌子》云「斜風細雨不須歸」，甘願沐浴其中。

但李清照借用此語而加──「又」字，它就發生了質的變化，給人以於「蕭條」之外又雪上加霜似的寒意。開頭二句堪稱「以故為新」之覺。

「征鴻過盡，萬千心事難寄」。這句暗用了《漢書·蘇武傳》的一個「故實」。

漢朝中郎將蘇武出使匈奴被囚禁北海使牧羝。漢使至匈奴求武，匈奴詭言武死。後漢使復至匈奴，採用常惠之計，向單于佯稱：「天子射上林中，得雁，足有繫帛書，言武等在某澤中」。單于終於被迫承認「蘇武等人確實還在」，蘇武被扣十九年後終於得返故鄉。鴻雁傳書之典即出於此。

不過，李清照反用其意，即「征鴻」難以傳遞其「心事」，也就是說她無法解除煩惱。這仍是「以故為新」。

「清露晨流，新桐初引，多少遊春意！」這三句為愁苦詞境抹上一層亮色。

清新的早晨，露珠兒在樹葉上滾動，晶瑩閃光，新栽的桐樹綻出幼芽，嬌嫩可愛；如此良辰美景該激起人們多麼濃烈的遊春之情啊！

「清露晨流，新桐初引」兩句完全是借用《世說新語·賞譽》中「子時清露晨流，新桐初引」之成語，但非常自然貼切。即使不知其出處，也不影響對詞意的理解，因爲它生動形象地描繪了雨後初晴的春之晨的景象，恰好透出一種新鮮的氣氛，使詞境忽而開拓，色彩爲之一亮。引用入詞中的八個字，成爲詞中雋永之語，深得詞評家的稱賞。

整首詞雖然採用了許多故實，但沒有掉書袋的感覺，她讓那些故實「渾化脫成，如此諸己」。

李清照是語言巨匠，她採用故實，卻又能推陳出新；她運用民間口語，卻又清雅生動。因此，人們讚許李清照是詞的本色當行第一人。

她的詞呈現出獨特的藝術風格，在詞史上稱爲「易安體」。這個「易安體」的實質就是立意高遠，情感眞摯，文字淺近，在表達中運用了許多高超的藝術技巧。譬如她善於攝取富於特徵性的語言、動作、表情來表達人物的內在感情：

昨夜雨疏風驟，濃睡不消殘酒。試問捲簾人，卻道海棠依舊。知否？知否？應是綠肥紅瘦。

——《如夢令‧昨夜雨疏風驟》

這首小令是透過極其精練的人物對話，表現惜春的情感，塑造了兩個不同性格的人物形象。侍女的粗心大意與詞人的對春的細緻入微的關切形成鮮明的對照。

正如王了翁所說：「一問極有情，答以依舊，答得極淡，跌出『知否』二句來，而『綠肥紅瘦』，無限凄婉，卻又妙在含蓄」。短幅中藏無數曲折，自是聖於詞者。

「知否？知否？」是格律上的要求，但清照寫來自然貼切，可謂渾然天成。《訴衷情》中「更挼花蕊，更捻餘香，更得些時」。這單調連續的下意識的動作，形象地揭示出詞人月伴無眠，愁結難解的複雜心緒，所用排比句式，既合格律，又靈活多變。

同樣地，在《蝶戀花》中「獨抱濃愁無好夢，夜闌猶剪燈花弄」，一個痴「弄」燈花的動作，出神入化地把思婦神不守舍而又虔誠至篤的內心狀態，形象地顯示出來。

《添字採桑子·芭蕉》中「愁損北人不慣起來聽」，起床聽夜雨打芭蕉這個外在動作，透露出詞人內心的萬千愁緒。

《一剪梅》中「此情無計可消除，才下眉頭，卻上心頭」，對詞中人臉部表情的刹那變化的描繪，將人物內心深處無形的，和無法抑制的情思傳神地表達出來。

中國古典詩詞創作中常用的藝術手法，如鋪叙、含蓄、借景抒情（有情景交融，或情景相異，用反對的手法來抒情）、烘托、擬人、比喻等等，李清照都能創造性地運用並達到爐火純青的地步。而她的高明之處和難學之處是把這些藝術技巧，把她的千錘百煉的功夫隱藏在平淡的詞句中，使那些平淡的字眼具有了深刻的內涵。

她的詞的特色是清水出芙蓉，天然去雕飾。

千古絕唱《聲聲慢》

別具特色的「易安體」中最具代表性的作品是《聲聲慢》。這首詞不僅是她詞作中的最傑出者，也是宋詞中的絕唱。此詞一出，震撼天下：

尋尋覓覓，冷冷清清，淒淒慘慘戚戚。乍暖還寒時候，最難將息。三杯兩盞淺酒，怎敵他、晚來風急。雁過也，正傷心，卻是舊時相識。

滿地黃花堆積，憔悴損，如今有誰堪摘？守著窗兒，獨自怎生得黑。梧桐更兼細雨，到黃昏，點點滴滴。這次第，怎一個愁字了得！

——《聲聲慢・尋尋覓覓》

讀完這首詞，那淒淒惶惶和難以言傳的酸楚，便深深地縈繞在我們的心田，竟使我們的心也感到茫然和空寂，六神無主地要「尋尋覓覓」起來。

這首感人至深的詞作，通篇沒有一個僻字、奇字，而是在感情的升騰激蕩下，從內心噴薄而出的極樸素、極口語化的文字。這種語言，梁啟超先生稱為

「照那感情的原樣子，迸裂到字句上」。因爲是並非刻意求工，反而自然深刻動人。

「尋尋覓覓」是不斷地尋找、搜求。在一個秋雨淅瀝的黃昏，歷經國破家亡、流離失所，年老無靠的女詞人在尋覓那早已失去，但又如在眼前，恐怕連她自己也說不清楚，卻又是十分值得珍惜的東西。這東西或許是過去幸福生活的回憶，或許是對未來生活的希望。總之，她是在尋找一種難以言傳的無形的力量來和這不幸的命運抗爭。

然而，事實上逝去的年華永遠地逝去了，未來漆黑一團，沒有光明。她什麼也找不回，什麼也找不到，她如夢初醒，更加感覺到了「冷冷清清」。這四字，既指環境的淒清，也烘托出了心境的悲涼。

隨之而來的是湧上心頭的「淒淒慘慘戚戚」，是承接上句環境的冷清而感到的身體與心理的寒冷，是這透徹肌骨的寒冷使她感到悲慘淒涼。這三組疊詞的描寫亦是由外而內，由輕到重。

開頭十四個字，極有層次地表現了詞人的行爲、環境、感覺、心情。本來是極平常的動詞、形容詞，任何人都會毫無困難地使用它們，沒有把它們疊起來，連在一塊兒用。而這一疊用，加重了語氣，濃縮了感情，增加了詞的容量，產生了語言上的奇特效果。這就叫點石成金、化腐朽爲神奇。這就是平凡中的不平凡。這就是清照的高明之處。幾個普通的字眼，被她運用得光彩照人，令人拍案叫絕。

宋張端義嘆息說：「本朝非無能詞之士，未曾有一下十四疊字者」（《貴耳集》）。而這十四個字將一位心神不定、若有所失的老婦人的神態刻劃出來了。十四個字，無一字寫淚，卻字字含淚，反映出詞人的孤獨與冷清、沉痛和辛酸。然而，這種沉痛並不是心靈脆弱的表現，而是一種堅強的心態。她要振作精神，調養好自己的身體。怎奈在這種淒清的境遇中，偏偏又遇上「乍暖還寒」的天氣。她很難調養、保護自己。這忽冷忽熱，變化不定的既是自然氣候，又是社會生活，而她這麼敏感氣候的變化，可見其心境之不穩定。

「乍暖還寒時候，最難將息」，這裡用的還是口語，樸素、自然。

在這萬般無奈的時候，她需要借助外在的力量幫助她渡過難關。然而這力量太單薄，太微不足道了。僅有「三杯兩盞淡酒」，愁濃酒淡，何況只有「三杯兩盞」，怎能消愁？又怎能抵擋住襲人的寒氣？

這詞句寫出了她的孤苦無依。

寒風欺人，更增加了心頭的凄涼。又看見「舊時相識」的雁兒飛過，勾起她對往事的回憶。「雲中誰寄錦書來？雁字回時，月滿西樓」（《一剪梅》）。雁兒是傳書的使者，曾爲她和她的丈夫帶來了慰籍人心的消息。如今，孤獨的她，錦書誰托？這「舊時相識」的雁更引起她的孤獨感和漂泊感。雁兒從寒冷的北方飛回溫暖的南方過冬，明年春暖花開，它們又可以飛回北方。可清照卻再也不能回到淪陷了的家鄉了，眞是人不如雁啊！

這憶昔傷今的哀愁，又平添了幾層。

她在內心用盡各種方式來抵禦悲哀的侵襲，而外界的力量又是如此不可抗拒地把她圍困在這悲哀之中。她的哀愁如此強烈深重，因此，她也就無法停住她的筆。下闋仍然承前訴說愁苦的生活感受，由空間的描寫轉到眼前的景物描寫。

寒風吹拂，菊花謝落，滿地堆積，憔悴枯黃，如今有誰還會來摘？

清照藉花自喻。人世間風雨的摧殘，使她憔悴不堪，正如滿地堆積的黃花一樣，還有誰來憐愛採摘？還有什麼可寄託的呢？

「守著窗兒，獨自怎生得黑？」寫出了她度日如年的感受。時日漫長難捱，她不知怎樣才能從白天熬到夜晚，不知怎樣才能熬過她的餘生。表現出她孤寂淒惶之情。

詞中的「黑」字既是寫景又是寫情，內在之情與外在之景交織在一起，就呈現出一幅淒惘到極點的圖畫。

然而，描繪出這幅圖畫的字眼卻通俗之至。宋張端義再次讚嘆說：「『黑』字不許第二人押。婦人中有此文筆，殆間氣也」。（《貴耳集》）

清陳廷焯說：「『黑』字警，後幅一片神行，愈唱愈妙」（《雲韶集》）。

這首詞起篇言愁，愈言愈深。到「黑」字已有不勝淒苦之感，但詞並沒結束，詞人再次渲染氣氛，從景抒情。

「梧桐更兼細雨，到黃昏，點點滴滴」。黃昏時分對孤獨的人來說是最爲難熬的時刻。人的心靈在這一時刻最爲脆弱，最易感傷。更何況淒厲的秋雨又下個不停，飄打在窗外的梧桐樹上，到黃昏還在點點滴滴，發出淒楚的聲響。

自然界的秋雨不過是打在梧桐樹上，還有一種比秋雨更令人心寒的無影而無情的風雨吹打在她的心上。這一聲聲的「點點滴滴」，不是黃昏冷雨，是詞人心中熱血，飄灑在這苦難的歲月裡。

在這一連串淒楚感傷的情形之下，當然就遠不是一個「愁」字所能概括得盡的了。這結句的「這次第，怎一個愁字了得」，力抵千鈞，是全詞畫龍點睛之筆，可用的還是通俗的字眼，筆力遒勁而感情沉摯。

這首詞是一個備受折磨婦女的心靈的傾訴。她飽受憂患，孤獨無依，看不到光明和希望，在殘酷的命運面前她感到惶恐和絕望，因此，詞中表現出來的情調是感傷的、消沉的。然而，她的這種沉痛並不是個人的無病呻吟，而是反映了北宋末年處於動亂中的流亡者共有的感情，具有廣泛的社會意義。因此，清照的這首訴說苦難遭遇與傷痛情感的詞能普遍的引起具有不幸遭遇的人的共鳴。

這首詞表現出清照高超的藝術技巧，不僅在疊字的運用，化俗為雅的語言文字技巧，鋪敘手法的自然巧妙，而且她在詞作法上也是有創造性的。原來的《聲聲慢》的曲調，韻腳押平聲字，調子相應地比較徐緩。而清照改押入音韻，並屢用疊字和雙聲字，這就變舒緩爲急促，變哀婉爲淒厲了，這就更好地表達出她愁苦的感情和淒惶的精神狀態。

萬樹《詞律》評價這首詞：「用仄韻，從來此體皆收易安所作，蓋其遒逸之氣，如生龍活虎，非描塑可擬。其用字奇橫而不妨音律，故卓絕千古」。

這是從藝術技巧上對清照詞所作的高度評價，而沈謙的話更絕妙：「余少時和唐宋詞三百闋，獨不敢次『尋尋覓覓』一篇，恐爲婦人所笑」（《填詞雜說》）。他這話既表現了對清照作爲一個婦女具有如此高的才華的輕蔑和憤憤不平，也反映了男人的偏見，亦透露出在這篇絕唱面前的自卑感。

但這篇詞作能成爲千古絕唱，絕不是只靠技巧來達到的。藝術的果實只有在孤獨和寂寞的眞情實感中浸泡才會成熟。清照歷經生活的苦難與折磨，閱盡了人世間的滄桑，用這醇厚的生活原料釀造出的《聲聲慢》，便達到了她藝術創作的最高峰。

一鳴驚人的《詞論》

李清照《詞論》問世之前，專門研究詞的文章極少，但詞話很多。這些詞話多偏重紀事，缺乏系統的理論建樹。清照的《詞論》體例別開生面，獨具一格。

首先，她研究詞史，使她的《詞論》具有詞史的架構。她概述了詞的發展過程，並從詞在發展中的進步、挫折、成就、流弊，來探討詞的發展規律。

難能可貴的是，她看到了社會生活對詞的發展的作用，她把詞的發展歷史與社會政治經濟發展的歷史聯繫起來，對詞史作出了正確的劃分。

她將詞的發展史分爲四個階段：第一階段爲初唐時期；第二階段爲晚唐時期；第三階段爲五代時期；第四階段爲北宋時期。後來的詞學文學和文學史家，大體上都採用了這樣的分期法。

在對詞的發展史進行追述的同時，她把十七位有一定代表性的詞人，分別放在相應的歷史發展階段中，對他們的作品進行了評點。

她對晚唐花間詞派的香軟詞風強烈不滿，認爲這種穠艷靡麗的詞對詞壇造成的流弊非淺，她特別指出李璟、李煜父子的詞作「語雖奇甚」，卻是些「亡國之音」。這些作品充滿了無限哀戚、沒落、頹廢的情思和低沉悲涼的情調。因此，雖「尙文雅」，卻也是不足取的。

由此可見，清照要求詞要有充實健康的內容。

再看她對柳永的批評。

她從宋詞發展史上指出了柳詞的地位，她既看到柳永在詞形式方面革新，也看到了柳詞在內容上的擴展，但她不滿意柳詞「辭詞主下」——這與柳詞某些不健康的內容有關。說明她對詞的創作及其藝術風格的需求是——文雅。

再看她對張先、宋祁等人的批評。

「雖時時有妙語，而破碎何足名家」——她認爲絕妙好詞還必須要有統一完美的藝術整體，與和諧渾成的藝術境界，她對詞的要求是——渾成。

再看她對蘇軾的批評。

清照批評蘇詞爲「不葺之詩」、「不協音律」。說明她對詞的要求是——協律。

「晏苦無鋪叙」，這是清照對晏幾道詞的批評，晏專主「花間式」小令，在創作上未能鋪展。說明清照對詞的要求是——鋪叙。

「賀苦少典重」，這是她對賀鑄詞的批評。

張來在《東山詞·序》中評價賀鑄詞：「夫其盛麗如游金、張之堂，而妖冶如攬嬙，施之袪，幽潔如屈、宋，悲壯如蘇、李，覽者自知之」。

很顯然，清照不滿賀詞中的「盛麗」、「妖冶」詞風的詞作，她要求詞要——典重。

「秦即專主情致，而少故實」，「黃即尙故實，而多疵病」。這是淸照《詞論》最後對秦觀、黃庭堅提出的批評，說明她對詞的要求是——用故實。

清照所說的「故實」，從創作內容上來說，是指作品裡的典故，從創作方法上來說，是指作品裡的用事用典如何。無論從那方面來說，「故實」都與作品的意境、形象、風格有密切關係。

秦觀過於注重詞的情趣和韻味，不重用事用典，詞境難免失於單薄、浮淺。

因此，秦觀詞的情致的抒寫應建立在充盈、豐富、深厚的內容的基礎之上，清照以創作內容上來指出秦觀詞的不足。

黃庭堅不善融化古人詩句，不善用典，在詞中有典故連篇，搜獵奇書，穿穴異聞的弊病。清照以創作方法上指出黃庭堅詞的不足。

由此可見，李清照在《詞論》中對詞的要求是既要有充實健康的內容，又要有和諧完美的形式。

依據這些要求，清照提出了著名的詞「別是一家」的主張。其含義是分別詩詞畛域，對兩種不同形式的文學應做不同的對待。

詞最初來自民間，是供演唱用的。李清照在文章開篇時對李八郎擅歌之事的鋪敘，即在於說明詞是一種與歌唱相聯繫的藝術形式。詞經過數百年的發展，有了自己固定的形式、發展規律和創作方法。可以配樂演唱這一點，是它所具有的最鮮明的特點。倘若失去了這個特點，詞也就必將失去其生存的意義與價值，這種藝術也就必然走向衰亡。

在北宋時代，確有一些文人，包括蘇軾的某些作品，想運用詞體來表達至深的哲理思想，李清照對那些既疏於音律，又毫無詞境的製作提出批評，是爲了維護詞的獨立性，她的詞「別是一家」的觀點，較正統地反映了歷代人們對詞的看法，從整個詞史上看，是符合詞的發展實際的。

如果詞不是「別是一家」，而是同詩、曲並無二致，那麼它在藝術上還有什麼獨立性存在，並被人特別珍視的價值呢?那麼，將無法設想「宋詞」能與「唐詩」、「元曲」相提並論，而被稱爲「一代之文學」了。

清照《詞論》並非完美無缺，她對蘇軾詞的評論顯得片面，她沒能看出蘇軾對詞的開拓與貢獻。她對晏殊、歐陽修等人的批評也有失偏頗，但她對詞提出的高雅、渾成、協律、鋪叙、典重、主情致、尙故實的創作要求，她的關於詞「別是一家」的理論，對後代詞的創作，特別是婉約派詞的創作產生了深遠的影響。而她用自己的詞作實踐著自己的創作理論，她把傳統的創作方法和藝術風格提昇到了一個新的境界。繼往開來，別具藝術特色的「易安體」，就是最好的明證。

然而這篇具有珍貴價值的《詞論》並不爲世所珍視，它一問世就遭到了極大的譏謗。守舊的人絕不能容忍一個婦女毫無顧忌地對前朝和當朝文壇名流們評短論長。她咄咄逼人，鋒芒畢露，這與禮教所要求的婦女形象相違背，因而招來許多非議，甚至群起而攻之，嘲笑她「蚍蜉撼大樹，可笑不自量」。流傳下來的《詞論》文章也並不完整，但事實上，人們最終還是悄悄地接受了她的思想。

沈謙說：「承詩啓曲者，詞也，上不可似詩，下不可似曲」。

李漁也說：「詞之關鍵，首有別於詩」。

這些見解，可說是沿循清照的《詞論》觀點。

在我國二千多年的文學史中，女性能依據創作經驗寫的理論文字的，李清照之前未有所聞。《詞論》不但是我國婦女寫作的第一篇文學批評專著，而且是我國古代文學理論上有獨特見解的第一篇詞論，與她那自是花間第一流的詞一起，成爲中華民族文學寶庫的珍貴遺產。

多才多藝的李清照

李清照雖以詞名世，她的詩和散文作得也很出色。她的散文雖然留存不多，但就從僅存的四篇散文也可見她的獨特風格和傑出成就。而《金石錄後序》可爲其代表。

一般後序就書論書，談與著作有關的事情，文字往往枯燥乏味，且多諛詞。清照這篇後序卻不同凡響，對於《金石錄》本身（如交代作者、卷數、內容，並對該書作出評價等必須的文字），只不過寥寥數語。她用大量篇幅，以書的得失聚散爲線索，寫自己的悲歡離合。敘事委曲詳盡，抒情語約情深，是一篇文情並茂、辭采俊逸的傑作。

這篇文章除了篇首的「說明」和篇末的「感慨」外，全文記敘部分，前半部分都是寫金石書畫文物「得之艱」，後半部又都是述金石文物「失之易」。

具體說，有五得五失：

一得，得之於「脫衣市易」。

二得，得之於自己盡力抄寫。

這是宋徽宗建中辛巳至崇寧間，清照夫婦收集金石文物的途徑。

三得，「屏居鄉里十年」，他們以衣食之餘陸續購買。

四得，趙明誠連守兩郡時，「竭其俸入以事鉛槧」。

五得來自家傳。

而五失則是在金人入侵後發生的：

一失，宋高宗建炎丁未（公元一一二七年）春三月，李清照只運走了十五車文物去建康。其餘文物全留在故居青州。

二失，同年十二月，金兵進攻山東，留在青州的所有文物俱皆燒成灰燼。

三失，建炎己酉（公元一一二九年）十二月，金兵攻陷洪州，清照送往洪州明誠妹夫處的十五車文物全部散失。

四失，高宗壬子（公元一一三二年），因有「玉壺頒金」之說，清照盡將家中所有銅器等物，後又連同寫本書一起寄嵊縣，想獻給朝廷。在「官軍收叛卒」時，這些東西都被拿走。

五失，卜居會稽鍾氏家時，盜賊挖壁鑿洞偷走了她最後約七筐文物中的五筐。

作者的感情隨著金石文物的得失聚散而起伏變化。「五得」所反映的氣氛是歡樂的。這歡樂來之不易。為了收集大量珍貴的金石文物，夫婦倆節衣縮食，過著比同等地位的人要清苦得多的生活。然而他們「浸覺有味，不能自己」，「樂在聲色犬馬之上」，「甘心老是鄉矣！」。

樂盡悲來，好景不長，金人的鐵騎蹂躪了北方國土，也踏破了他們寧靜的生活。自此以後，他們千辛萬苦收集來的文物便因屢遭兵盜之災而散失殆盡了。清照記敘「五失」的筆調是低沉、悲憤的。金石文物一再散失的過程，反映了清照晚年在江南各地飄泊奔走的淒苦經歷，也是當時全國人民逃亡生活的縮影。從文章的客觀敘述中，表達出清照對敵人的憎恨，對南宋當局逃跑主義的譴責。

這篇文章同樣表現出清照高絕的藝術才華和獨特的創作風格。她在寫文、作詞上都是一位抒情聖手、語言巨匠。她的文亦如詞，用著淺近的文字，抒發著深沉的感情。人物形象鮮明，生動地反映了動亂的時代帶給人民的無盡的苦難。

王士祿在《宮閨氏籍藝文考略》引《神釋堂脞語》中評《金石錄後序》說：「班、馬作史，往往於瑣屑處極意摹寫，故文字有精神色態。易安《金石錄後序》，中間數處，頗得此意」。

譬如趙明誠做太學生時，雖窮也要典當衣物去相國寺收尋碑文、在歸來堂看書飲茶鬥茶的快樂、出不起價購買《牡丹圖》的惋惜惆悵、歸來堂起書庫大櫥的鄭重其事、夫妻池陽分別時趙明誠的言行、會稽失盜等等，文字簡潔、傳神。這篇序文敘述了清照的家世、經歷，更重要的是寫出了她的性格和精神。她愛書、她高潔，不慕世俗名利，節衣縮食去支持丈夫的學術研究，不以清貧生活為苦，而以能有寧靜的讀書生活為樂，其精神境界非凡夫俗女所有。

她的幸福和歡樂、她的痛苦和眼淚藉由文字栩栩如生地再現在讀者面前。清照由於詞的藝術成就太高，人們往往忽視她的其他方面的成就。然而，就從她的詞裡同樣可以看見她的其他藝術修養。

《浣溪沙·春景》詞裡有「倚樓無語理瑤琴」的句子，說明她善彈琴。前人評《醉花陰》：「幽細凄清，聲情雙絕」（《自怡軒選》卷二）。《聲聲慢》則是公認的具有音樂美的傑作。《添字采桑子·芭蕉》中夜聽雨打芭蕉聲等等。她的許多詞具有音樂美的效果，從中反映了她良好的藝術修養。

清照是個畫家，她用畫家的眼光選景、布圖、著色，因此她的詞具有繪畫美，具有立體感。每一個句子都是一幅畫，有形象、有色彩。

「歸鴻聲斷殘雲碧，背窗雪落爐煙直」（《菩薩蠻》）。這句使用的都是冷色，藉以造成一種清冷的氣氛，以渲染女主人翁孤寒索漠的心境。碧色的殘雲，白色的落雪，青色的爐煙，似無聲，卻又給人以動感，構成一幅立體的圖畫，有點兒像元人著淡色的水墨畫，雖然畫中未見主人，可主人的情態已隱現在畫面中。

「人悄悄，月依依，翠簾垂」（《訴衷情》），寥寥數語，描繪了一幅清淡的春夜無眠圖。簾篩月影，月伴無眠，這幅圖成功地烘托出詞人孤單清冷的內心世界。

「落日熔金，暮雲合璧」（《永遇樂》），詞開場，作者便以濃墨重彩渲染出一個凝重的抒情氛圍。太陽正在西沉，像熔化的黃金一般，色彩燦爛，她在這裡用了暖色。和太陽正好相對的月亮就從東方升起來，它透出輕紗似的雲靄，恍如一片渾圓的璧玉，晶瑩可愛。這是一個美好的元宵佳節的晚上。在這樣的時刻，詞人卻是孤苦一人，觸景生情，緊接著一句「人在何處」，聲淚俱下，把她的淒愴心情盡瀉無遺。這情懷慘淡的一句是在「落日熔金，暮雲合碧」這樣濃重色彩的映襯下發出的，越發顯得情意哀婉淚血交融了。

清照的多才多藝對她的文學創作產生了良好影響，她的藝術成就很好地證明了這點。

正如她的多才多藝，她的文學創作體裁，風格也是多種多樣、異彩紛呈的。作品中既有輕快、纏綿的，也有沉郁凄婉的；既有淺近平易的，也有清麗典雅的；既有婉約的，也有豪放的。她的詞作大多數還是表現她作爲女人最溫柔多情、最婉約纖細的一面。

她的堅強豪爽的個性，她的敏銳的思想，她的不屈的靈魂，她的熾熱的愛國憂民之心更多的是在詩中坦露。留傳下來的清照的詩大部分作於南渡之後，這些詩大都具有強烈、深刻的政治批判色彩和對英雄主義人生觀的歌頌。

生當作人傑，死亦爲鬼雄，
至今思項羽，不肯過江東。

——《烏江》

這些詩與民族興亡直接相關，如《上樞密韓肖胄詩》（二首），《浯溪中興頌詩和張文潛》（二者）。她的詩幾乎沒有一首是個人身世的哀嘆，充分顯示了李清照卓越的政治眼光、民族氣節和雄偉的胸懷。

在詞中，清照是以深婉綿密的情感來動人。在詩中，她則以深刻的歷史思考和熱烈的、灼人的激情來震撼人心。如果說在詞中她是一個多愁善感的婦人，那麼在詩中她是一個雄偉、冷雋、犀利、熱情的政治家。當然，兩種方式的思考和探索，都是以藝術所必須的強烈情感和生動形象來體現的。

魯迅先生說：「倘有取捨，即非全人，再加抑揚，更離眞實。」正是的論。看李清照要從詞詩文合起來看，它才能看到一個眞實完整的李清照，一個傑出的清照，一個在中國古典文學園地裡獨步古今的李清照。

有才女如此，實爲中華民族的幸運和驕傲！

李清照生平的難解之謎

爲尋詞女舍，卻向柳泉行。
秋雨黃花瘦，春流漱玉聲。
收藏驚浩劫，飄泊感生平。
往昔風流在，猶傳樂府名。

——《任宏遠·柳絮泉訪李易安故宅》

風韻雍容未甚都，尊前甘桔可爲奴。誰憐流落江湖上，玉骨冰肌未肯枯。
誰教並蒂連枝摘，醉後明皇倚太眞。居士擘開眞有意，要吟風味兩家新。

——《瑞鷓鴣·雙銀杏》

在我國漫長的封建社會時期，婦女在各方面都受到壓迫和歧視，在文藝領域中，當然也不可能有例外。

由於封建禮教的束縛和限制，她們在文藝方面原來與男子同樣具有的光芒，就很不容易透過層層的障礙而放射出來。

在這種不合理的社會制度下，婦女作家是少得可憐的。至今仍有較多作品流傳，在我國文學史上占據著重要地位的女作家屈指可數，而李清照是她們之中璀璨奪目的明星。

唐詩宋詞是中國古典文學的藝術瑰寶，而雄踞宋詞詞壇宗主地位的卻是一名被封建禮教歧視、壓抑的閨閣女子——李清照。這不啻是向男尊女卑的封建禮教開了個天大的玩笑，因此，她譽滿天下而謗亦隨之。

社會對她是不公平的。雖然她以卓越的才華，淵博的學識在當世就令同時代的鬚眉男子折服，但她仍只能被深禁閨閣。即使她才調絕倫，著作豐富，當時也無人爲她公正、周詳地做傳，無人爲她保存好完整的文集。

時至今日，縱然後代學者多方鑽研考證，我們對李清照的生活所知者仍極稀少。她的人生歷程中有許多讓我們費解的謎。

生於何處？

中國北方山東省有座聞名遐爾的歷史文化名城——濟南。凡是到過濟南的人，無不為其迷人的湖光山色所傾倒。它最大的特色是「家家楊柳，戶戶泉水」。城區內外大約有一百多處泉眼，水質潔淨甘洌，恆溫約在18度C上下。

濟南泉水，千姿百態，
或白浪翻騰，如銀花玉蕊；
或晶瑩溫潤，如明珠瓔珞；
或如洪濤傾注，虎嘯獅吼；
或如細雨瀟瀟，冰弦低語。

沿著城區往西南方向走，在今趵突泉公園內，有一處泉沫紛翻，如柳絮飛舞的泉水，叫柳絮泉。據說李清照就出生在這兒。

最早描寫柳絮泉景色的詩有文可查的，見明代永樂年間濟南按察司僉事晏璧的《七十二泉詩》中（載崇禎劉敕著《歷乘》），他只寫「東風三月飄香絮，一夜隨波化綠萍」的泉景特色，卻隻字未提李清照故居之事，按一般文人題詠勝蹟的習慣，如果李清照故居在柳絮泉旁，他不會不涉及的。

況且濟南地方志如元代于欽的《齊乘》、明代劉敕《歷乘》、清代《濟南府志》均未有李清照故居在柳絮泉旁的記載。

沒有正史記載李清照故居是否在柳絮泉旁，只有清朝田雯（濟南府屬縣德州人，晚居大明湖畔）在《古歡堂集》裡言稱李清照故居在柳絮泉旁，其詩如下：

《柳絮泉訪李易安故宅》：

跳波濺客衣，演漾回塘路。
清照昔年人，門外垂楊柳。
沙禽一隻飛，獨向前洲去。

——《古歡堂集》

或許是因爲田雯的論斷符合了中國人心中對李清照其人詩意般的感受，於是，此論遂爲定論。

傳說少女時代的李清照常常對泉梳妝，聽濤神在紛飛的泉水裡歌唱。而殊不知，她的人生亦如隨風飄飛的柳絮一般，無力掌握自己的命運。

《任宏遠·柳絮泉訪李易安故宅》

爲尋詞女舍，卻向柳泉行。
秋雨黃花瘦，春流漱玉聲。
收藏驚浩劫，漂泊感生平。
往昔風流在，猶傳樂府名。

——《續修歷城志》卷十六引《鵲華山人詩集》

後世文人好事，見「柳絮」之名而起聯想。

東晉名將謝安有一天帶著子侄們賞雪，他讓孩子們用一句詩來形容天空紛飛的雪花。

侄子謝朗說：「撒鹽空中差可擬」。站在謝安身旁尚且年幼的侄女謝道韞立即反駁道：「未若柳絮因風起」。這句詩用隨風飄飛的柳絮形容從天而降的飄飄揚揚的雪花，實在是又形象又貼切，令人擊節讚嘆。

自此，中國就把有才學的女子稱爲詠絮才。

李清照是中國文學史上最傑出的才女，當之無愧的詠絮才。清照身後幾百年，文人們把她的出生地附會爲濟南柳絮泉旁，這是多麼富有詩意的想像。

有人以爲清照以「漱玉」命名詞集，是取自家鄉的泉名；也有人認爲，她的家鄉人因爲對她的鍾愛，取她的詞集名爲泉命名。孰是孰非，不得而知。

雖然李清照故宅在某泉的說法沒有確切根據，但這些附會卻表達了後人對她的傾慕和懷念。今日的李清照紀念堂就修建在作爲濟南象徵的趵突泉公園內，柳絮泉與漱玉泉側。

然而，李清照到底出生何處？

據《宋史·文苑傳》，李格非自熙寧九年（一〇七六年）進士及第以後，歷任冀州、鄆州、東京開封、西京洛陽、廣信軍等地官職，後居官京東路（治所在青州），均未居濟南，李清照自然也不會出生於濟南。

李格非曾在東京開封做官，官職雖不大，但他已是名播天下的學者文士，青年有爲，前途無量，娶名門之女王氏。因此，李清照當出生於東京開封。

生於何時？

李清照生於何年，千年後的學術界仍爭論不休。

一種說法是：李清照生於宋神宗元豐四年（公元一〇八一年）。

這一說法是二〇年代胡適先生在他編選的《詞選》中所附《李清照小傳》裡所言（見商務印書館，一九二八年再版，第一七四頁）。

自著名的胡適先生此論一出，頓時翕然從風，相率援用，統治文壇達數十年，直至五、六〇年代。

還有一種爲近三十幾年奉爲圭臬的觀點：李清照生於元豐七年（一〇八四

年）。

爲這一論斷作文論證的夏承燾、黃盛璋兩位先生是詞學界的著名學者。他們推定李清照生年的唯一依據，就是《金石錄後序》文中「余建中辛巳始歸趙氏」一語，而歸趙之年，斷定爲「少陸機作賦之二年」，是十八歲。從而推斷說：「今既定辛巳歸趙爲較可靠，則依其自述之文以推辛巳十八爲始婚之年，五十二爲作《後序》之歲，是易安實生於元豐七年甲子，《後序》當作於紹興五年乙卯也」（《易安居士事輯·後語》，見《唐宋詞論叢》第一九一頁）。

兩先生考試文章一出，此論現爲定論。然而，仍有人對此定論持非議者。王學初王仲聞先生在他校注的《李清照集校注》一書中提出，李清照的出生年代應爲元豐六年（一〇八三年），此書人民文學出版社一九七九年出版。書出時，先生已不在人世，他未能爲他的立論作出更詳盡、嚴密的論證。

完成這一工作的是王璠先生。

王璠先生在一九八二年《內蒙古師院學報》上發表了一篇專門考證李清照生年、嫁年的文章。文章對學術界各種意見和論據一一進行了考證和批駁，論證嚴密、明晰。

他認爲衆說紛紜，各執一端的原因是對《金石錄後序》中所用的陸機作賦與蘧瑗知非兩個典故的理解不同，遂使清照生年、嫁年、作序之年的推定，各不相同。

陸機作賦之說，始見於南齊人臧榮緒的《晉書》（此書早佚）。在《文選》卷十七陸機《文賦》篇，李善爲其作注時引用了臧榮緒《晉書》：「機少襲領父兵，爲牙門將軍。年二十而吳滅。退臨舊里，與弟云勤學，積十一年，譽流京華，聲溢四表。被徵爲太子洗馬，與弟云俱入洛，司徒張華，素重其名。舊相識以文呈華，天才綺待，當時獨絕；新年妙句，系踪張（衡）、蔡（邕）。機妙解情理，心識文體，故作《文賦》」（見中華書局，一九七七年十一月版影胡刻本，第二三九頁）。

以上引臧書中，可知二十歲是陸機歸里之年，而作賦是在歸里與弟弟陸云讀書學習十一年之後，這一點清人阮劉文如也曾指出：「《文選》注引《陸機傳》云：年二十而吳滅，退臨舊里，與弟云勤學，積十一年。是士衡二十歲時，乃歸里之年，不能定爲作賦年」（《宋刻本金石錄跋》，見潘文勤《謗善齋藏書記》卷一）。

「陸機二十作《文賦》」的說法，始自杜甫。杜甫在《醉歌行別·從侄勤落弟歸》詩中，寫道：「陸機二十作《文賦》，汝更少年能綴文」。詩人的說法是爲詩歌創作服務的，並非實指，只是約舉成數，並且唐以前典籍，沒有任何記載說陸機二十作賦。所以，陸機二十作《文賦》並無根據。

推斷清照十八歲時出嫁的依據就是斷定陸機二十歲時作《文賦》，「余自少陸機作賦之二年」，就是十八歲。

蘧瑗知非這個典故，出自《淮南子》：「凡人中壽七十歲。然而趨舍指湊，曰以自悔也，以至於死，故蘧伯玉年五十而有四十九年非，何者？先者難爲知，而後者易爲攻也。」（《原道訓》卷一）

蘧瑗，春秋衛國大夫，名伯玉，他年五十歲而知過去了的四十九年的非。超過蘧瑗知非之年二歲，即五十二歲。也就是說李清照作序時是五十二歲。

那麼，清照作序年是哪一年？

有「紹興二年」（一一三二年）和「紹興四年」（一一三四年）兩種抄本。現公認「紹興四年」為清照作《後序》之年。

因此，王學初和王璠先生認為序中「過蘧瑗知非之兩歲」句，是決定作序時清照年五十二歲的依據。據此上推——

女詞人李清照自當生於宋神宗元豐六年癸亥（一〇八三年）。

可惜，這一論點目前還只是一家一言，並被學術界採用。

清照出生年的確定涉及到她出嫁年歲的判定。

中國舊式計算年齡的方法是，小孩在娘胎裡就開始計算年齡了。嬰兒一出生就是一歲，新年一過，就要長一歲。因此，中國古人計算年齡比現代人算法長一歲，稱為虛歲。

依據《後序》文中「余建中辛巳始歸趙氏」的自述——

清照嫁年是徽宗建中靖國元年辛巳（一一〇一年），依王璠先生所定清照的生年推算，這一年，清照十九歲。

清照在《後序》中說，「余自少陸機作賦之二年至過蘧瑗知非之兩歲，三十四年之間，憂患得失，何其多也。」

「少陸機作賦之二年」是她三十四年憂患得失的開始，這一年是哪一年？自作《後序》的紹興四年（一一三四年）上推三十四年，清照「憂患得失」的上限，恰恰是建中辛巳（一一〇一年）嫁趙明誠時，這是偶然的巧合。

不能認爲人生憂患之來一定是從婚嫁之時開始。雖然清照個人的實際情況恰好如此。

從她出嫁後不久，朝廷中的新舊黨爭達到白熱化的程度。公公和父親分屬於新舊兩黨，趙、李兩家實際上已變成了完全對立的兩派。而作爲趙家的兒媳、李家的女兒，清照置身於矛盾的焦點。

黨爭以舊黨失敗，新黨勝利而告終。

李清照的父親被罷黜，公公高升相位。可二年以後，公公在與蔡京爭權奪利的鬥爭中失敗、病死。趙家遭禍遷往青州。再以後，國破家毀，夫死流遷，年老孤獨的李清照在風雨飄搖的異土他鄉苦苦掙扎。

她生活中極富戲劇色彩的幕景是從出嫁後正式拉開的，她最感人、最有藝術價值的作品也寫在出嫁之後。她怎麼能不在《後序》中感嘆她的充滿憂患得失的三十四年的不平凡的歲月？

卒於何年？

李清照的生年讓學術界爭論不休，她的卒年也同樣令人猜測。沒有任何資料記載了這一位傑出女性的確切卒年。我們只是從一則旁證資料推測，她大約卒於紹興二十五年（一一五五年）以後。大約七十三歲左右。

清王士禎在《池北偶談》中引用了南宋陸游《渭南文集》卷三十五《夫人孫氏墓志銘》中說：「夫人幼有淑賢。故趙建康明誠之配李氏，以文辭名家，欲以其學傳夫人。時夫人始十餘歲，謝不可，曰：『才藻非女子事也』。」

孫氏是作為封建婦女的典範而被樹碑立傳的，她卒於紹熙四年（一一九三年），年五十三，生年紹興十一年（一一四一年），岳飛被害那年。

從孫氏所說的話看，她已是一個深諳封建禮教的少女了，因此，她的年齡大約在十五歲左右，那個年代大約就在紹興二十五年左右。

陸游和王士禎大約根本沒意識到，他們爲我們無意中保留了一則有關李清照晚年最後的生平事跡。

在公元一一五五年左右，李清照還活著，以七十幾歲的高齡還在進行著學術活動，她還想以一生所學傳授後人。可悲的是，她卻被拒絕了。一個十多歲的少女以淡然冷漠的一句封建禮教教義表明了自己，更準確地說是社會對李清照的態度。

以後，就再也找不到任何有關李清照的消息了。她在漂泊孤寂中走完了自己的人生旅程。

正如淒厲秋風中的一片枯葉，誰人知道它何時枯萎？何時墮落塵埃？

李清照的母親是哪家閨秀？

令人費解的是，李清照是宋文壇聲名顯赫的人物，她的父親也是《宋史》留名立傳的人物，但李清照的母親名字叫什麼？我們無從知道；出生何家？在宋時就有兩種完全不同的說法。

宋莊綽在《雞肋篇》裡說：「歧國公王珪，元豐中爲宰相、父准、祖贄，曾祖景圖皆登進士第。漢國公准子四房，孫婿九人：余中、馬玿、李格非、閭邱吁、鄭居中，許光疑、張濤、高旦、鄧洵仁皆登科。鄧、鄭、許相代爲翰林學士。曾孫婿秦檜、孟忠厚同時拜相開府。」

依《雞肋篇》的說法，李清照的母親是漢國公王准的孫女。按此說，南宋奸相秦檜是清照母親王氏的外甥女婿，如此，李清照有個千載留惡名的表姐妹。

《宋史·李格非傳》來源於王稱《東都事略》，王稱爲趙明誠之友，而莊綽亦與清照同時，兩種說法完全不同，不知誰對誰錯。而《宋史·李格非傳》裡的說法較爲美麗：「妻王氏，拱辰孫女，亦善文。」

王拱辰是宋代最年輕的狀元，中狀元時才十九歲，才名很大。曾出使遼國，在混同江同契丹主相會，契丹主設宴款待他。契丹主向王拱辰敬酒，並親自彈奏琵琶以助酒興。契丹主向在座的宰相介紹說：「這位是南朝的少年狀元，又是年輕的老翰林。我敬佩他的才學，今日破格地厚待於他。」

王拱辰不但有才名，為人也坦率，敢於直言。他卒於元豐八年，當時清照三歲。清照的母親出生於這樣的書香門第之家，富有文學教養也自在情理之中。事隔千年，我們只能憑猜測推斷李清照的母親是哪家閨秀，由此也可見封建禮教對婦女的冷漠、歧視。

但無論李清照的母親出生於哪個王家，她都不是尋常的千金小姐。兩個王家都是書香門第，都可以提供良好的家庭教育。

然而，這個名門千金給女兒樹立的，卻不是那種三從四德的「懿範」。封建社會裡合乎要求的、標準的母親形象是《西廂記》裡的崔夫人形象，她「治家嚴肅」，「內無應門五尺之童，年至十二三者，非呼召不得輒入中堂」。鶯鶯有一次潛出閨房散步，便受到母親的嚴厲苛責。

還有如《牡丹亭》裡杜麗娘的母親，她教育女兒：「女孩兒只合香閨坐，拈花剪朵」，自己家的後花園也不許女兒進，連白天瞌睡也不容許。

比起這樣的母親，李清照的母親是失職的。她的女兒可以博覽群書，彈琴作畫；可以郊遊盪舟，寒食斗草，蹴鞦韆，街頭賞燈。她不是將女兒局限在描龍繡鳳、針織女紅的窄小的女兒世界之中，而是讓孩子在書海、在大自然的懷抱裡恣情成長。

她是一位多麼了不起、超凡脫俗的母親。

「玉壺頒金」是怎麼回事？

李清照在《金石錄後序》中有這麼一段文字：「先侯疾亟時，有張飛卿學士，攜玉壺過視侯，便攜去，其實珉也。不知何人傳道，遂妄言有頒金之語，或傳亦有密論列者，余大惶怖，不敢言，亦不敢遂己，盡將家中所有銅器等物欲赴外庭投進。」

這件「玉壺頒金」之事是李清照生平中的一件大事。它發生在趙明誠新亡後之不久。這件事使李清照大爲惶恐，她爲了向皇上表明心跡，決定把家中還剩有的所有銅器等物送給皇上，爲此，她車船顛簸，經幾千里路雲和月的跋涉，追趕著四處逃亡的皇帝。

這件事到底是怎麼一回事？

明朝俞正燮、陸心源、李慈銘認爲「頒金」就是「獻璧北朝」，也就是說，李清照夫婦曾將玉壺送給人而得賞。那麼，「頒金」就是「通敵」之意。所以，有人秘密檢舉此事，有司將要議罪。

事涉通敵之嫌，李清照聽到這個消息，惶恐異常，不敢講也不甘罷休，於是，她拿了家中所有銅器等物，欲向朝廷呈獻，表明心跡。

然而，這樣解釋「玉壺頒金」一事，有二點讓人費解處：

第一：如果當時確實是以「通敵」的罪名治罪李清照，或者說治罪已死去的趙明誠，那麼，在離靖康之變還只四個年頭的亂世年代，李清照只是以銅器等物投進朝廷，是不能化解此事的。「通敵」之罪是要殺頭和抄沒家產的。

《後序》中僅僅只分辨「其實玉壺只是石頭做的，而且張飛卿走時也攜帶走了」。她只說明張飛卿的玉壺，其實是珉而非玉，玉壺變成了不值錢的石壺，只是壺的價值起了改變，可這並不是在改變「獻璧北朝」的事實，減輕「通敵」的罪責。

李清照在《後序》中的說明與「獻璧北朝」或「通敵」又有何聯繫？

第二：李清照是一個閨閣女子，手中沒有一點政治權力，誹謗和誣陷她「通敵」何意義？

由於年代久遠，抄寫有誤，致使我們對這一事件的眞相只能猜測。張飛卿喜愛書畫，得到了一件精美絕倫的玉壺，在朋友中誇耀。他想確定他的玉壺價值幾何，於是帶著他的寶貝去見鑒賞大家趙明誠。

趙明誠經過仔細鑒定告訴張飛卿，此壺是石頭所製而非玉石。張飛卿大失所望，帶著他的「玉壺」回了家，從此不再將此壺在人前炫耀了。

趙明誠於一個月後去世。不久宮中醫官王繼先來到趙明誠家購買古器，他帶來了黃金三百斤。王繼先是皇上趙構的親信，他帶來的黃金自然是宮中的銀錢，他自然是爲愛好藝術的皇上買古玩。

戰爭時期，國難當頭的皇上不思殺敵復仇，卻用寶貴的金錢買古器賞玩，這番舉動有點兒損傷君王形象。

與趙明誠有中表之親且往來密切的兵部尙書謝克家很快知道了這件事，他上奏進言：「近侍所爲，恐疏遠聞之，有累盛德」。趙構心裡雖然不大高興，但還只得走走過場，裝裝樣子，下令讓三省取問王繼先。

當然，結局是不了了之。爲皇上買古玩並非罪過。王繼先之流的人對謝克家的行爲不滿地叨咕：「花了那麼多錢，既沒買到張飛卿的玉壺，也沒買回什麼好東西，還被人參了一本，眞冤！」

無端被捲入是非紛爭中的李清照聽說她有輕慢君王的行爲，感到十分委曲、惶恐，於是她決定將家中所有銅器等物，呈獻皇上，讓具有良好藝術鑒賞力的皇上自己鑒定，看她是否藏有私心未將最好的藝術品奉獻皇上。

但皇帝已出逃，她爲找到皇上陳述原由，表明心態，便開始了追踪跋涉。

因此，推測「玉壺頒金」不是「通敵」的政治事件，而是謠言李清照有貪財謾君的行爲。

關於李清照是否改嫁的紛爭

李清照生平中還有件千古疑案：是否改嫁？

從明清爭辯至今，李清照是否改嫁一事仍無定論。有八個南宋人記載了李清照改嫁之事。

胡仔在《苕溪漁隱叢話》前集卷六十中寫道：「易安再適張汝舟，未幾反目，有啓事與綦處厚云：『猥以桑榆之晚景，配茲駔儈之下才』，傳者無不笑之。」

胡仔做過常州晉陵縣的縣官，後來居住湖州（今浙江吳興）。他的《苕溪漁隱叢話》於紹興十八年（一一四八年）在湖州寫就。此時李清照尚健在，居住在杭州，兩地相隔不遠。

王灼的《碧雞漫志》一書，紹興十九年（一一四九年）寫於成都。他的書中寫道：「易安居士，京東路提刑李格非文叔之女，建康守趙明誠之妻。……趙死後，再嫁某氏，訟而離之。晚節流蕩無依。」

這段文字補充了清照再婚又打官司離婚的內容。

洪適（公元一一一七至一一八四年），曾做過尚書右僕射。他的《隸釋》寫於乾道二年（一一六六年），是一部研究碑石文字之書。在該書的卷一十四《跋趙明誠金石錄》中說：「《金石錄》紹興中其妻易安居士表於上朝。趙君無嗣，李又更嫁。」（晦木齋刻樓松書屋本）。

洪適紹興十三年在臨安做秘書省正字官；職掌圖籍，清照那一年也在臨安「表上於朝」。洪適很清楚清照晚年情況。

晁公武《昭德先生郡齋讀書志》卷四下（續右逸叢書本）：「《李易安集》十二卷：右皇朝李氏，格非之女，先嫁趙明誠，……然無檢操，晚節流落江湖間以卒。」這是一本講目錄版本之書，與小說筆記性質不同。

晁公武是晁補之兄弟的兒子，晁補之跟李格非同出蘇軾之門，晁氏與趙氏還有間接的親戚關係。《金石錄後序》中說「到台，台守已遁」，這個台守就是晁公武的堂兄弟，晁補之的兒子晁公爲。晁補之生前在士大夫中甚讚清照的詩文。

李心傳《建炎以來繫年要錄》卷五十八：「（紹興二年九月戊子朔）右承奉郎監諸軍審計司張汝舟屬吏。以汝舟妻李氏訟其妄增舉數入官也。其後有司當汝舟私罪，徒，詔除名，柳州編管（自注：十月己酉行遣）。李氏，格非女，能爲歌詞，自號易安居士。」（叢書集成本）。

李心傳（一一六六年至一二四三年），隆州井研人，官至工部侍郎。幼年隨父官杭州，喜歡從長老前輩訪問故事，「曾竊窺玉牒所藏金匱之副」，回四川後就撰述此書。這部書基本上是南宋的一部可靠史料。

陳振孫《直齋書錄解題》卷二十一：「《漱玉集》一卷：易安居士李氏清照撰。名士李格非文叔之女，嫁東武趙明誠得甫。晚歲頗失節。」（江蘇書居本）。

此外，胡仔《苕溪漁隱叢話》引了《詩說雋永》條：「今代婦人能詩者，前有曾夫人，後有易安李。李在趙氏時，建炎初，從秘閣守建康，作詩云：『南來尚怯吳江冷，北狩應知易水寒。』」

《詩說雋永》是俞正己所作，成書年代雖不可知，但一定比胡仔《苕溪漁隱叢話》早，亦在清照生前。俞正己也說清照改過嫁，否則不能有「李在趙氏時」一語。

從以上資料可知，李清照再嫁的丈夫叫張汝舟，當時擔任右承奉郎爲監諸軍審計司屬吏，是職掌諸軍審計的。李清照向官府告發他貪污軍費事。因爲這是發生在戰爭時期的事情，直接影響戰爭和統治階級利益，因此，朝廷極爲重視。張汝舟被判有罪，遣至「柳州編管」。

從以上宋人的記錄中可知，李清照再嫁時間爲紹興二年（一一三二年）五、六月間，到九、十月間，就已離婚。兩人不是簡單的離婚，而是經過一場嚴酷的官司鬥爭。

宋宗室趙彥衛在《雲麓漫鈔》中，記錄了一份李清照寫的《投內翰綦公崇禮啓》，即今日的感謝信：

「投內翰綦公崇禮啓：清照啓：素習義方，粗明詩禮。近因疾病，欲至膏肓。牛蟻不分，灰釘已具；嘗藥雖存弱弟，應門唯有老兵。旣爾蒼皇，因成造次，信彼如簧之說，惑茲似錦之言。弟旣可欺，持官文書來輒信。身幾欲死，非玉鏡架亦安知。僶俛難言，優柔莫決，呻吟未定，強以同歸。視聽才分，實難共處，忍以桑榆之晚景，配茲駔儈之下材。身旣懷臭之可嫌，唯求脫去；彼素抱壁之將往，決欲殺之。遂肆侵凌，日加毆擊；可念劉伶之肋，難勝石勒之拳，局地扣天，敢效談娘之善訴？升堂入室，素非李赤之甘心。外援難求，自陳何害？豈期末事，乃得上聞，取自宸衷，付之廷尉。被桎梏而置對，同兇醜以陳詞，豈唯賈生羞絳灌爲儕，何啻老子與韓非同情？但祈脫死，莫望償金。友兇橫十旬，蓋非天降；居囹圄者九日，豈是人爲？抵雀捐金，利當安往？將頭碎壁，失固可知，實自繆愚，分知獄市，此蓋伏遇內翰承旨，搢紳望族，冠蓋清流，日下無雙，人間第一，奉天克復，本緣陸贄之詞；淮蔡底乎，實以會昌之詔。哀憐無告，雖未解驂；感戴鴻恩，如眞出己，故茲白首，得免丹書。清照敢不省過知慚，扣心識愧？責全責智，已難逃萬世之譏，敗德敗名，何以見朝中之士？雖南山之竹，豈能窮多口之談；唯者之言，可以止無根之謗，高鵬尺鷃，本異升沉；火鼠冰蠶，難同嗜好。達者共悉，童子皆知；愿賜品題，與加湔洗。誓當布衣蔬食，溫故知新；再見江山，依舊一衣一缽；重歸畎畝，更須三沐三薰，忝在葭莩，敢茲塵讀。」

主張清照改過嫁的人認爲，這封書信是證明她有過改嫁事實的最有力證據。

文章可分四層：

先說她嫁給張汝舟的原因：一是她處於重病之中；一是張汝舟花言巧語欺騙了她。

接著說婚後的不堪遭遇：張汝舟對她百般虐待，經常拳打腳踢，欲置之死地。清照不堪忍受，決心與其離異。

下邊就寫她申訴離婚的過程了。

最後是對綦崇禮的感謝和表示自己的悔恨。

李忠昌先生在《詩傑詩雄李清照》一書中將這篇啓文翻譯爲現代文，抄錄如下：

「我還是懂得禮義廉恥的。當時因病，而且病到了連牛和螞蟻的聲音都分辨不出來的程度，甚至連後事都準備好了。爲我煎湯熬藥的雖然有我弟弟，但他也是軟弱可欺的年輕人（疑原文中的『弟』是清照自稱而非實指其弟李遠），身邊只有看門報信的老兵，境況很是艱辛。就在倉促之中，做出了輕率之舉。相信張汝舟的花言巧語，弟弟單純可欺，就像韓愈在『試天理評事王君墓志銘』中說的故事那樣，被張汝舟一說，就信以爲眞了。我病得死去活來，會不會如《世說新語》中溫嶠下玉鏡台聘其姑女那樣，也不可知，還沒等我決定下來，他就強迫我和他同歸了。

等我恢復過來，神志清醒時，才發現實在是難以與他共同生活。我怎能到了年近半百的晚年，與他這樣卑劣的小人相匹配呢？與他結合，就像身上抱著臭東西那樣令人嫌惡，我唯一的希求就是脫離他而去；而他早就懷著得到財產就把我拋開的目的，決心將我虐待死。於是，肆意對我侵擊凌辱，每天都對我拳腳相加；可憐我像文弱儒生劉伶那樣的身體，怎能承受他那雙如武人石勒一樣的拳頭。

我呼天喚地，升堂入室，再不甘心忍受他的虐待了。我求不到外援，自己出頭申訴又何妨？沒想到，這樣的小事，連朝廷皇帝都知道了，我只好出庭與張汝舟對質，與這個兇殘醜惡的傢伙理論了，我實在不願與他這樣的人為伍，我是但求脫離死亡的威脅，不希望他償還我的經濟損失。我和兇橫的人為侶百日，眞是命中注定；在牢中被囚九天，是我這樣的人所應得的。我受騙上當，還說什麼利與不利的？用頭碰壁，結果是可以想到的。我實在是愚謬，明知道告他貪污我是要坐牢的。

這次官司，多虧您（指綦崇禮）的幫助和營救。您是官高位尊，淸廉公正，天下無雙。您是對國家有功的大臣，我哀告無門，是您的鴻恩大德，使我這個白髮之人，免去牢獄之苦。我怎敢不反省自己的過失，怎能不捫心自問，感到慚愧？從責全求備的角度說，我已難逃後世的譏笑，作爲敗名敗德的人，我還有什麼臉面去見朝野之人？雖然砍盡南山之竹，又怎能窮盡衆口的指責；唯有像您這樣有聲望的智者，才可以止住那些沒根據的誹謗。世上的人有高低之別，猶如水火不相容那樣，很難達到一致。希望您賜下品題，洗掉我身上的污濁，我發誓今後一定溫故知新，更要多次洗掉污穢，用薰香驅除身上的臭氣。」

同樣是這篇文字，在主張清照未改嫁的人眼裡，卻有完全不同的解釋。

大意爲：由於臨安大火和兵盜搶劫、行兇，庸愚無能、毫無主見的弟弟在驚惶失措中接受了張汝舟的聘禮，姐弟兩人也確在張汝舟家中居住百日，但清照既沒有同意婚事，也沒有舉行婚禮。在她病情稍爲好轉，能辨識外界事物之際，馬上看出同張汝舟這種人實難相處，斷然拒絕改嫁，由於張汝舟覬覦書畫古器，欲謀害清照姐弟，對清照弟大打出手，清照不可忍受，以張汝舟騙婚事，向官府控告。

評訟開始，張汝舟反誣清照以妻告夫罪，故她先被桎梏。但經對質，並由綦崇禮作證，說明事實眞相，案情即大白，清照被扣九日旋無罪釋放。

清照否認改嫁，並請綦崇禮爲她湔洗，「無根之謗」意思爲「誣我改嫁，純屬誹謗，毫無根據。但『多口』傳播謠言，需借重智者之言止謗。」

結論是，這份《謝啓》不但不是作者改嫁的自供狀，恰恰相反，它是一篇聲淚俱下的辨誣書。

然而，將《謝啓》解釋爲辨誣書有許多牽強附會之處，所以，「辨誣派」一般主張《謝啓》是份僞造的書信，不承認此文爲清照所寫。

「辨誣派」認爲清照未改嫁的證據主要是如下幾條：

第一：謝伋《四六談麈》成書於紹興十八年（一一四八年），當時清照尚在人間，如有改嫁之事，謝伋是趙明誠的表侄，綦崇禮女婿，他豈能不知此事？但他在書中仍稱清照爲「趙令人李」，可見清照並無改嫁之事。

第二：清照夫婦情深義重，清照對明誠終生摯念，有大量詩詞文爲證。若已改嫁，怎會有如此眞摯之情？

第三：清照本人晚年自稱「嫠婦」。如果她改嫁而又離異，怎敢在親友面前這樣的自詡？

第四：清照才學過人，且又譏諷朝政，因此遭人嫉恨，這些人為洩恨，使用造謠誹謗的卑劣手段予以報復。篡改謝啓，誣其改嫁就是進行報復之一例。

以上只是有選擇地介紹了具有代表性的觀點，如果僅就改嫁之爭來評介，也可寫成一本厚書。

在宋代，清照改嫁之說並無異議，可是明清以至近人，卻紛紛為她辨誣。最有份量的是明俞正燮的近萬言的《易安居士事輯》。俞正燮原不反對寡婦再嫁，卻輯成專案為清照改嫁論力辯，認為說清照改嫁是不近情理的妄談。

現代學者黃盛璋先生寫了一篇頗有功力的論文——《李清照事跡考辨》，他對俞正燮等人的否定改嫁說，作了詳細地考證辨駁，最後認定改嫁之說成立。

李清照本人絕對預料不到，她身後幾百年，人們對她是否改嫁一事會爭論得如此激烈、持久。

……。

或許人就是愛逐本求末吧！

李清照留給後人的最寶貴的東西是她的詩詞文章。改嫁與否，絲毫不影響清照的人品和文學成就。可這持續了幾百年的愈演愈烈的是否改嫁之爭，本身倒說明了社會對清照不公平的看法，表現出人們思想中的封建貞節觀念的可怕、可笑。

清照無子，身多疾病，在戰亂流遷中過著孤寂、惶恐的日子，無人理解，無人過問；「誰憐流落江湖上」（《瑞鷓鴣》），她爲什麼不能有一個偕老之人，使自己的精神生活有所寄託？她爲什麼不能「要吟風味兩家新」（《瑞鷓鴣》）？改嫁難道就是背叛和遺忘了亡夫？

李清照完成了丈夫未竟事業，這本身就是對丈夫的忠誠和最好的紀念。《金石錄》一書後來在金石學領域中占有極高的地位，趙明誠也因此而得以不朽於天地。這是李清照忠實於趙明誠，回報於趙明誠的最好的方式。

勇於追求幸福，敢作敢爲是清照的本性。

風韻雍容未甚都，尊前甘桔可爲奴。誰憐流落江湖上，玉骨冰肌未肯枯。

誰教並蒂連枝摘，醉後明皇倚太眞。居士擘開眞有意，要吟風味兩家新。

——《瑞鷓鴣·雙銀杏》

這一首詠物詞深有含意，詞人以銀杏自喻，托物言志，借物抒情。首兩句描繪了銀杏雍容的風貌。銀杏的風度是那樣溫和、大方，雖然並不美麗，但卻端莊典雅，讓人油然而生愛慕之情。而擺在酒尊前的甘桔與銀杏相比，則甘桔只有作奴僕的資格。

三、四兩句進一步讚嘆銀杏的品格。擺在尊前的銀杏啊！遠離了母體，失去了依靠，有誰能憐憫你到處流浪的處境（指銀杏被商賈作爲果品，販賣各地），有誰能體貼你無家可歸的苦楚呢？然而，你身處逆境卻不甘枯萎，眞可謂冰清玉潔，綽約多姿。

很明顯銀杏所具備的品質，也就是詞人自身性格的再現。李清照的後半生，孤苦零丁，流落異鄉，無人理解，無人過問。她心中痛苦但並沒有對生活喪失信心，在艱難的處境中，仍努力追求，探索新的藝術境地，攀登藝術新高峰，保持著「玉骨冰肌未肯枯」的剛強性格。「誰憐流落江湖上？」這一反問句，既間接地表達出詞人流落江湖、無依無靠的現實狀況，也飽含著詞人心中的痛楚與怨恨。她是一個感情豐富而又勇敢的女人，她渴望自己的精神生活有所寄託。因此，她在詞的下半闋描繪了一雙相依相偎的並蒂連枝的雙銀杏，這一對相依相扶的雙銀杏就是她心中理想的生活圖景，她決心在生活中再尋求一個偕老之人，就像那並蒂銀杏，心心相印，再創新的生活。「要吟風味兩家新」，是她追求新生活的堅定的宣言。

雖然最終她沒能找到她的連理枝，反而招致了無盡的詬罵，用今日的眼光去看李清照，她是一個真正的令人敬佩的女人。

晚年生活來源

洪適《隸釋》：「跋趙明誠《金石錄》，趙君無嗣。」

翟耆年《籀史》上，「趙明誠古器物銘碑」條：「……又無子能保其遺留，每爲之嘆息也。」

翟耆年是邢居實之甥，而居實又是趙挺之之甥，於明誠爲中表，翟耆年是趙明誠的表甥，所言自屬可信。

中國封建社會婦女的生活模式是：在家從父，出嫁從夫，夫死從子。清照是一個無子無夫，沒有職業收入的老年婦人，她靠什麼謀生？

有三種可能方式：

1. 靠積蓄過日子。

2. 靠親朋周濟。

3. 寫字畫出售。

第一條可能性最大，李清照和趙明誠一生搜集的古玩、字畫件件都是精品，無價之寶，賣一件足以維持好長一段時間生活，連皇上都派人到李清照手中買古器，當她避亂逃到浙江紹興時，小偷偷走了她的五箱金石書畫，清照立刻立重賞尋找她的被盜物品，可見她確有積蓄。

張汝舟也覬覦她的財產，用盡甜言蜜語騙娶她。

但在戰亂流遷中，再多的積蓄也會丟光花光的。在沒有其他生活來源情況下，清照的積蓄可夠她後來三十多年的生活？

第二條可能性也有，李清照在《金石錄後序》中說：「有弟遠任勅局刪定官，遂往依之」。

但依靠他人周濟是最不可靠的，仰人鼻息總不是長久之計。依李清照好強的個性看，她不可能總是依附他人而生活，否則，她怎會「卜居土民鍾氏舍」？

沒有資料能證明第三條謀生之道的可能性，但這條並非絕對不可能。

李清照才藝卓絕名冠天下，找她求字求畫者爲數不會少。從今日還保存可見的衆多帖子詩，讓人疑心這是清照代人所寫的應酬之作。求詩者應會有酬筆之禮。

普通人喜歡以金帛求取名人字畫，清高的文人也不以收取錢財替人寫字畫爲恥。鄭板橋明碼實價開出他的潤筆之資。蘇東坡公堂畫扇，助人還債。在這樣的社會風氣下，李清照憑她的書畫詩詞足以養身。

當然，以上所寫都是猜測之詞。

李清照的身世中有許多令人費解之謎，隨著時間的流逝，李清照的生活離我們越來越遙遠，我們恐怕很難弄清這些疑問了。所幸的是我們可以藉閱讀她的那些經歲月的選擇而流傳下來的珍品，走進她的生活、走進她的心靈深處。這才是最主要的。

附錄

……可悲啊！從前蕭繹在江陵被魏兵攻陷時，他不惋惜國家的滅亡，卻燒毀了自己的書畫；楊廣游江都遭到覆亡，不悲身死，還隨帶圖書。難道人的精神所寄託的東西，是生生死死都不能忘記的嗎？或者是天意以爲我命薄，沒有福氣享受這些稀世珍品嗎？也許是死者有靈，還斤斤愛惜，不肯將它們留在人間的呢？爲什麼得到時如此艱難，散失時卻如此容易的呵！

……三十四年之間，經歷的憂患得失，何等多啊！然而有有必定有無，有聚必定有散，這是常理；有人丟了弓，有人得到弓，又有什麼可說的。所以念念不忘地記下這些金石聚散始終的原因，也想讓它作爲後世愛好古董追尋雅趣的人士的誡鑒罷了。

《金石錄後序》

「右《金石錄》三十卷者何?趙侯德甫所著書也。取上自三代，下迄五季，鐘、鼎、甗、鬲、盤、匜、尊、敦之款識，豐碑大碣，顯人晦士之事蹟，凡見於金石刻者二千卷。皆是正訛謬，去取褒貶，上足以合聖人之道，下足以訂史氏之失者，皆具載之，可謂多矣。嗚呼!自王播、元載之禍，書畫與胡椒無異;長輿、元凱之病，錢癖與傳癖何殊。名雖不同，其惑一也。

余建中辛巳始歸趙氏，時先君作禮部員外郎，丞相時作吏部侍郎，侯年二十一，在太學作學生。趙、李族寒。素貧儉。每朔望謁告出，質衣取半千錢入相國寺，市碑文果實歸，相對展玩咀嚼，自謂葛天氏之民也。後二年，出仕宦，便有飯蔬衣練，窮遐方絕域，盡天下古文奇字之志，日就月將，漸益堆積。丞相居政府，親舊或在館閣，多有亡詩、逸史、魯壁、汲冢所未見之書。遂力傳寫，浸覺有味，不能自已。後或有古今名人書畫，三代奇器，亦復脫衣市易。嘗記崇寧間，有人持徐熙牡丹圖，求錢二十萬。當時雖貴家子弟，求二十萬錢，豈易得耶？留信宿，計無所出而還之。夫婦相向惋悵者數日。

後屏居鄉里十年，仰取俯拾，衣食有餘。連守兩郡，竭其俸入，以事鉛槧，每獲一書，即同共是正勘校，整集籤題。得書畫、彝鼎，亦摩玩舒卷，指摘疵病，夜盡一燭爲率。故能紙札精緻，字畫完整，冠諸收書家。余性偶強記，每飯罷，坐歸來堂，烹茶，指堆積書史，言某事在某書、某卷、第幾頁、第幾行，以中否角勝負，爲飲茶先後。中即舉杯大笑，至茶傾覆懷中，反不得飲而起。甘心老是鄉矣，故雖處憂患困窮，而志不屈。

收書既成，歸來堂起書庫大櫥，簿甲乙，置書冊。如要講讀，即請鑰上簿，關出卷帙。或少損污，必懲責揩完塗整，不復向時之坦夷也。是欲求適意，而反取憀慄。余性不耐，始謀食去重肉，衣去重來，首無明珠翡翠之飾，室無塗金刺繡之具。遇書史百家，字不刓闕，本不訛謬者，輒市之，儲作副本。自來家傳《周易》、《左氏傳》，故兩家者流，文字最備。於是几案羅列，枕席枕籍，意會心謀，目往神授，樂在聲色犬馬之上。

至靖康丙午歲，侯守淄川，聞金寇犯京師，四顧茫然，盈箱溢篋，且戀戀，且悵悵，知其必不爲己物矣。建炎丁未春三月，奔太夫人喪南來，旣長物不能盡載，乃先去書之重大印本者，又去畫之多幅者，又去古器之無款識者；後又去書之監本者，畫之尋常者，器之重大者。凡屢減去，尙載書十五車。至東海，連艫渡淮，又渡江，至建康。青州故第尙鎖書冊什物，用屋十餘間，期明年春再具舟載之。十二月，金人陷青州，凡所謂十餘屋者，已化爲煨燼矣。

建炎戊申秋九月，侯起復知建康府。己酉春三月罷，具舟上蕪湖，入姑孰，將卜居贛水上。夏五月，至池陽，被旨知湖州，過闕上殿。遂駐家池陽，獨赴召。六月十三日，始負擔，舍舟坐岸上，葛衣岸巾，精神如虎，目爛爛，光射人，望舟中告別，余意其惡，呼曰：『如傳聞城中緩急奈何？』戟手遙應曰：『從衆，必不得已，先棄輜重，次衣被，次書冊卷軸，次古器，獨所謂宗器者，可自抱負，與身俱存亡，勿忘失也』。遂馳馬去。途中奔馳，冒大暑，感疾，至病痁。七月末，書報卧病。余驚怛，念侯性素急，奈何病痁，或熱，必服寒藥，病可憂。遂解舟下，一日夜行三百里。比至，果大服柴胡、黃芩藥，瘧且痢，病危在膏肓。余悲泣，倉皇不忍問後事。八月十八日遂不起，取筆作詩，絕筆而終，殊無分香賣履之意。

葬畢，顧四維，無所之。朝廷已分遣六宮，又傳江當禁渡。時猶有書二萬卷，金石刻二千卷，器皿茵褥可待百客，他長物稱是。余又大病，僅存喘息，事勢日迫。念侯有妹婿任兵部侍郎，從衛在洪州，遂遣二故吏先部送行李往投之。冬十二月，金寇陷洪州，遂盡委棄。所謂連艫渡江之書，又散為雲煙矣。獨余少輕小卷軸、書帖、寫本李、杜、韓、柳集，《世說》、《鹽鐵論》、漢唐石刻副本數十軸，三代鼎鼐十數事，南唐寫本書數篋，偶病中把玩，搬在卧內者，巋然獨存。

上江既不可往，又虜勢叵測，有弟遠任勑局刪定官，遂往依之。到台，台守已遁。之嵊出陸，又棄衣被，走黃岩，雇舟入海，奔行朝，時駐蹕章安。從御舟海道之溫，又之越。庚戌十二月，放散百官，遂之衢。紹興辛亥春三月，復赴越，壬子赴杭。先侯疾亟時，有張飛卿學士，攜玉壺過視侯，便攜去，其實珉也。不知何人傳道，遂妄言有頒金之語，或傳亦有密論列者，余大惶怖，不敢言，亦不敢遂已，盡將家中所有銅器等物，欲赴外庭投進。到越，已移幸四明，不敢留家中，並寫本書寄嵊縣。後官軍收叛卒，悉取去，聞盡入故李將軍家。所謂巋然獨存者，無慮十去五六矣。惟有書畫硯墨，可五七簏，更不忍置他所，常在卧榻下，手自開闔。在會稽，卜居土民鍾氏舍，忽一夕，穴壁負五簏去矣。余悲慟不已，重立賞收贖。後二日，鄰人鍾復皓出十八軸求賞，故知其盜不遠矣。萬計求之，其餘遂牢不可出，今知盡爲吳說運使賤價得之。所謂巋然獨存者，乃十去其七八。所有一二殘零不能部帙書冊，三數種手書帖，猶愛惜如護頭目，何愚也耶！

今日忽閱此書，如見故人。因憶侯在東萊靜治堂，裝幀初就，芸簽縹帶，束十卷作一帙。每日晚，吏散，輒校勘二卷，跋題一卷，此二千卷有題跋者，五百二卷耳。今手澤如新，而墓木已拱，悲夫！昔蕭繹江陵陷沒，不惜國亡而毀裂書畫；楊廣江都傾覆，不悲身死而復取圖書。豈人性之所著，生死不能忘歟？或者天意以余菲薄，不足以享此尤物耶？抑亦死者有知，猶斤斤愛惜，不肯留在人間耶？何得之艱而失之易也！

嗚呼！余自少陸機作賦之二年，至過蘧瑗知非之兩歲，三十四年之間，憂患得失，何其多也！然有有必有無，有聚必有散，乃理之常；人亡弓，人得之，又胡足道。所以區區記其終始者，亦欲為後世好古博雅者之戒云。紹興五年玄黓壯月朔甲寅日易安室題。」

譯文

「前面三十卷《金石錄》是怎樣的著作呢？是趙侯德甫所著的書。它輯錄了上自夏、商、周三代，下到後梁、後唐、後晉、後漢、後周五代的鐘、鼎、甗、鬲、盤、匜、尊、敦等各種古代銅器上鏤刻的文字，以及碑碣上所刻的顯要人物或無名之輩的事蹟，共計金石拓本二千卷。全都經過訂正訛誤，挑選評價，凡是上合乎聖人之道，下可以用來訂正歷史學家的失誤的，全都收錄在內，真是洋洋大觀了。從王播、元載的災禍後，書畫同胡椒沒有差別；和嶠的錢癖與杜預的《左傳》癖又有什麼不同？名稱上雖然不同，迷戀成為癖好則是一樣的。

我在建中辛巳年嫁到趙家，當時先父任禮部員外郎，公公任吏部侍郎，丈夫明誠二十一歲，在京城太學裡當學生。趙、李兩族清寒，一向清貧節儉。明誠每逢初一、十五請假出來，典賣衣服得五百錢，到相國寺買碑文果物，回來後，兩人相對賞玩書畫，品味果品，自稱是與世無爭、悠然自得的葛天氏時代的人。兩年後，明誠出仕做官，就立下了吃蔬菜、穿粗衣，走遍邊遠人跡很少到的地方，搜盡天下先秦文字的大志。日積月累，逐漸增加積藏。當時公公身居要職，親戚故友有在主管宮廷藏書館閣中任職的，因此常有亡佚的詩、散失的史料，和魯恭王從孔子家中，以及汲郡人從魏襄王墓中挖出來的書裡所沒有的書。於是我們盡力抄寫，愈來愈覺得有興味，而不能自己停止。後來，有時發現名人書畫，夏、商、周三代的珍奇器物，也還是脫下衣服去交換。曾記得宋徽宗崇寧年間，有一個人拿了南唐名畫家徐熙畫的牡丹圖來，出價二十萬，當時即使富貴人家的子弟，要二十萬錢，也豈能輕易得到？名畫留下兩晝夜，終因想不出辦法而退還原主。夫婦二人相對惋惜、懊喪了好幾天。

後來退居鄉里十年，仰有所取，俯有所拾，克勤克儉，因而經濟有餘，明誠接連任兩州的知州，盡其俸祿收入，用來刻印書籍。每獲得一部古書，就共同訂正校勘，整理成集，便題上書名。凡是得到書畫、彝鼎，也翻來覆去撫摩玩賞，指點疵病，每晚工作以點盡一支蠟燭爲標準。所以能做到紙札精緻，字畫完整，在藏書家中名列第一。我幸而記憶力強，常常在飯後，坐在歸來堂上煮茶時，指點堆積的書史，說某事在某書、某卷、第幾頁、第幾行，以猜中與否比賽勝負，決定飲茶先後。猜中後便舉杯大笑，笑到茶杯倒入懷中，反而飲不成茶而起來爲止。我們甘心老死在這書史之鄉了，所以雖處在憂患困窘之中，卻志向不屈。

收書工作完成後，歸來堂上便放置書庫大櫥，將書分類編目，登記造冊。如果要閱讀，就領出鑰匙，並在簿冊上登記，然後領出書籍。有時稍有損污，一定責成損污者將損污處揩拭乾淨，作爲懲罰，不再像以前那樣隨便了。這是想求愜意卻反受拘束、擔心事。我缺少耐性，於是開始謀劃節約開支，菜飯去掉第二道葷菜，衣服去掉第二件錦衣，頭上沒有明珠翡翠的裝飾，室內沒有描金刺繡的器具，遇見經史子集各種古書，只要字沒有磨損缺少，版本不是錯誤百出的，就買下來，儲藏起來作爲副本。趙家從來有家傳《周易》、《左傳》，所以這二種書，最爲齊備。各種書籍在桌上、几上到處陳列，在枕席之上縱橫堆放，體會思考、眼光精神都集中在這些書上。其中的樂趣，遠在聲色犬馬之上。

到靖康丙午年，明誠任淄川太守，聽說金兵侵犯京城，我倆環顧四周，茫然不知所措。面對整箱滿篋的書物，又依戀，又悵惘，知道這些東西必將不再歸自己所有了。建炎丁未年春三月，明誠南下奔太夫人喪，既然多餘之物不能全部裝去，於是首先去掉書籍中重複和大部頭的，後又去掉畫中篇幅多的，再又去掉古器中沒有刻銘文的；後又去掉書中的監本、畫中平常的、器具中又重又大的。經幾次減少，還是裝了十五車。到得東海，前船接後船渡過淮水，又渡長江，到建康城。在青州老家還用了十餘間房屋鎖藏了書籍雜物，等待次年春天再用船裝運。十二月，金人攻陷青州，這十餘間屋子的書籍雜物，都被燒爲灰燼了。

建炎二年秋九月，明誠守喪期滿復職任建康知府。三年三月罷職，乘船上蕪湖，進入姑孰，準備在贛江一帶擇屋居住。夏季五月到池陽時，被皇帝聖旨授爲湖州知州，要到宮廷朝見皇帝。於是把家安頓在池陽，一個人去應召。六月十三日，開始挑擔陸行，他離船坐在岸上，穿著夏布衣服，頭巾露出額頭，神態虎虎有生氣，目光炯炯照人，望著舟中告別。我情緒很壞，高聲問道：『如果聽到城中有緊急的情況，怎麼辦？』他伸著兩個指頭指著我遠遠答應說：『跟隨大家，實在不得已時，先拋棄包裹箱籠，其次棄衣被，其次棄書畫，其次棄古器，獨獨這些古代帝王宗器銅器的拓本，要自己攜帶，與人共存亡，不要忘記了！』於是騎馬奔馳而去。他在途中奔馳，冒著酷暑，因而感染得病，到行宮時患了瘧疾。七月末，書信傳來說明誠已經臥病在床。我驚恐萬分，想著他怎麼會患瘧疾的呢！明誠素來性急，或有發熱，他一定服用寒藥，如果這樣，疾病就可讓人擔心了。於是乘船而下，一晝夜航行三百里。一到知道他果然吃了大量的柴胡、黃芩，因此瘧疾加痢疾，病情危險已入膏肓。我悲傷哭泣，匆忙慌張也不忍心問及後事。八月十八日，他病篤將死，取筆作詩，絕筆而終。臨終時沒有一點囑咐家事應如何安排的意思。

安葬完畢，我沒有地方可去。當時朝廷已遣散後宮六院，又傳言長江要禁止航渡。那時我還有二萬卷書、二千卷金石刻文拓本，器具被褥足可以接待一百位客人，其他多餘之物也大致相當。我又患大病，只存一口氣。局勢一天比一天緊急，想到明誠有妹婿任職兵部侍郎，扈從侍衛隆祐太后在洪州，於是派遣兩位舊日部屬先押運行李去投奔他。冬季十二月，金兵攻陷洪州，於是運去的東西全部丟棄。所謂船連船渡江運來的書籍，又雲散煙消一樣散失了。只有稍許輕小的書畫字帖、李白、杜甫、韓愈、柳宗元集子的抄本、《世說新語》、《鹽鐵論》，漢唐石刻副本數十軸，夏、商、周三代鼎器拓本十幾件，南唐手抄本書幾篋，這些我病中偶有玩賞，搬在室內的，巋然獨存。

上游已經不能去，而敵人的走勢又不可預測。想到有弟弟遠任勅局刪定官，於是前去依靠他。到台州時，台州太守已逃走。到嵊縣，又丟棄衣被，趕到黃岩，雇舟海行，奔向朝廷所在地。當時皇帝駐蹕在章安。跟著皇帝的船航行到溫州，又到越州。建炎四年十二月，朝廷放散百官自便行動，於是到了衢州。紹興元年春三月，又到越州，二年，到杭州。先前明誠病危時，有個張飛卿學士攜帶玉壺來看望他，離開時就帶走了，那其實是只玉壺。不知何人誤傳，於是便有把玉壺送給金人通敵的胡說，有人傳有秘密檢舉此事的，我十分驚惶恐懼，不敢說，也不敢就此罷休，於是拿了家中所有銅器等物，欲向朝廷呈獻，表明心跡。到越州後，皇帝已轉到四明，這些銅器不敢留在家中，與手抄本一起寄放在嵊縣。後來官軍平定叛亂的士卒時，全部拿走，聽說全到了原來的李將軍的家裡。所謂巋然獨存的，不下十分之五六又丟了。只有書畫硯墨，約五七簏筐，再捨不得置放在別的地方，常放在臥榻下，親手開關。在會稽，擇居在當地土民姓鍾的房子裡。忽然有一夜，壁被挖了個洞偷去五簏筐，我悲慟不已，便重賞收贖這些東西。兩天後，鄰人鍾復皓拿了十八軸書畫求賞，因此知道那個盜賊不在遠處。想盡方法求取，其餘的終於未再出現，現在知道全被吳說運使賤價購買去了。所謂巋然獨存的，已然是去掉十之七八了。留下的一二殘零不成套的書冊，三幾種算不得佳品的書帖，還照樣愛惜得像保護頭與眼睛一樣，是多麼的傻啊！

今天忽然翻開這本書，如同遇見故人。因而想到明誠在東萊靜治堂時，裝裱初成，插上書簽，用青白色的帶子束十卷成一帙。每天晚上衙吏散去後，就校勘兩卷，寫題跋一卷。這二千卷中，有題跋的就有五百另二卷啊！如今字跡如新，而他墓前的樹木卻已長得可兩手合抱了。可悲啊！從前蕭繹在江陵被魏兵攻陷時，他不惋惜國家的滅亡，卻燒毀了自己的書畫；楊廣游江都遭到覆亡，不悲身死，還隨帶圖書。難道人的精神所寄託的東西，是生生死死都不能忘記的嗎？或者是天意以爲我命薄，沒有福氣享受這些稀世珍品嗎？也許是死者有靈，還斤斤愛惜，不肯將它們留在人間的呢？爲什麼得到時如此艱難，散失時卻如此容易的呵！

唉！我自從比陸機作賦時小二歲起，到超過蘧瑗知道自己以前全不對之年兩歲止，三十四年之間，經歷的憂患得失，何等多啊！然而有有必定有無，有聚必定有散，這是常理；有人丟了弓，有人得到弓，又有什麼可說的。所以念念不忘地記下這些金石聚散始終的原因，也想讓它作為後世愛好古董追尋雅趣的人士的誡鑒罷了。紹興五年玄黓壯月朔甲寅日易安室題。」

《詞論》

「樂府聲詩並著，最盛於唐。開元、天寶間有李八郎者，能歌擅天下。時新及第進士開宴曲江，榜中一名士先召李，使易服，隱姓名，衣冠故敝，精神慘沮，與同之宴所，曰：『表弟願與坐末。』衆皆不顧。既酒行，樂作，歌者進時曹元謙，念奴為冠。歌罷，衆皆咨嗟稱賞。名士忽指李曰：『請表弟歌』，衆皆哂，或有怒者，及轉喉發聲，歌一曲，衆皆泣下，羅拜曰：『此李八郎也』。自後鄭、衛之聲日熾，流靡之變日煩，已有《菩薩蠻》、《春光好》、《莎雞子》、《更漏子》、《浣溪沙》、《夢江南》、《漁父》等詞，不可遍舉。

五代干戈，四海瓜分豆剖，斯文道熄。獨江南李氏君臣尚文雅，故有『小樓吹徹玉笙寒』、『吹皺一池春水』之詞。語雖奇甚，所謂『亡國之音哀以思』者也。

逮至本朝，禮樂文武大備，又涵養百餘年，始有柳屯田永者，變舊聲作新聲，出《樂章集》，大得聲稱於世，雖協音律，而詞語塵下。又有張子野、宋子京兄弟、沈唐、元絳、晁次膺輩繼出。雖時時有妙語，而破碎何足名家。至晏元獻、歐陽永叔、蘇子瞻，學際天人，作爲小歌詞，直如酌蠡水於大海，然皆句讀不葺之詩爾，又往往不協音律者，何耶？蓋詩文分平側，而歌詞分五音，又分五聲，又分六律，又分清濁輕重。且如近世所謂《聲聲慢》，《雨中花》、《喜遷鶯》，既押平聲韻，又押入聲韻，《玉樓春》本押平聲韻，又押上、去聲，又押入聲。本押仄聲韻，如押上聲則協；如押入聲，則不可歌矣，王介甫、曾子固，文章似西漢，若作一小歌詞，則人必絕倒，不可讀也。

乃知詞別是一家，知之者少。後晏叔原、賀方回、秦少游、黃魯直出，始能知之。又晏苦無鋪叙；賀苦少典重；秦即專主情致，而少故實，譬如貧家美女，雖極妍麗豐逸，而終乏富貴態；黃即尚故實，而多疵病，譬如良玉有瑕，價自減半矣。」（《苕溪漁隱叢話·後集》卷三十三）。

譯文

「樂府最興盛在唐代，它的樂曲和歌詞都很突出，聞名於世。開元、天寶年間有個叫李八郎的歌手，以善唱歌名揚天下。當時新及第的進士在曲江開宴會，有一位中榜的名士先召請李八郎，叫他更換衣服，隱去姓名，衣帽破舊，神態沮喪地和他同到宴所，說：『我的表弟願陪末位。』眾人都不理睬。飲酒開始後，奏起齊樂，歌手進場，當時以曹元謙、念奴唱得最好，歌唱完後，眾人都嗟嘆讚賞。這時名士忽然指著李說：『請表弟唱。』眾人都譏笑起來，甚至有發怒的。等到李婉轉發聲，唱完一曲時，眾人都感動得流下淚來，圍攏作揖說：『這位一定是李八郎吧！』此後，發源於鄭衛的淫靡之聲一天比一天旺盛，靡靡之音一天比一天多起來。已有的《菩薩蠻》、《春光好》、《莎雞子》、《更漏子》、《浣溪沙》、《夢江南》、《漁父》等詞，不能全舉。

五代的戰爭紛繁，中國國土如分瓜剖豆一般被人分割，斯文之道衰息。獨有江南李氏君臣崇尚文學藝術，所以有『小樓吹徹玉笙寒』、『吹皺一池春水』的名句。語句雖然奇佳，卻是所謂『亡國之音悲傷哀憐』之類啊！

及至本朝，禮樂文武都非常齊備，又孕育培養了百餘年，開始有屯田員外郎柳永改變舊樂章，創制新樂章，出了《樂章集》，在社會上赢得了極大的聲譽。雖然柳永詞合音律，但是詞語淺俗低下。又有張子野、宋子京兄弟、沈唐、元絳、晁次膺輩相繼出現，雖然時時有妙語佳句，但是零零碎碎，怎麼能夠稱得上名家。到了晏元獻、歐陽永叔、蘇子瞻等人，學問淵博猶同天人，創作小歌詞，不過像在大海中取一瓢水，然而他們作的詞都是句子長短不齊的詩罷了，又往往不合音律。這是爲什麼呢？大概詩文分平側聲，而歌詞分五音，又分五聲，又分六律，清濁輕重。譬如近代的《聲聲慢》、《雨中花》、《喜遷鶯》，既押平聲韻，又押入聲韻；《玉樓春》本來押平聲韻，又押上、去聲，又押入聲，本押仄聲韻的，如押上聲就協律；如押入聲，就不能唱了。王介甫、曾子固，文章如西漢作品那麼好，若作一小歌詞，那麼人們必然會笑倒，因爲不能讀啊！

由此可知，詞是另一類文學體裁，而了解這一點的人卻很少。後來晏叔原、賀方回、秦少游、黃魯直出現，方始能夠了解，但晏叔原詞苦於欠缺鋪陳敘述；賀方回詞苦於典雅莊重不足；秦少游重視詞的情韻，但是缺少典故史實，就像窮人家的美女，雖然長得極其妍麗、豐滿、飄逸，但總缺乏雍容華貴的姿態；黃魯直重視典故史實，但又多缺點，譬如美玉上有了瑕疵，價值自然降低了一半了」。

李清照的人生哲學——婉約人生　中國人生叢書 17

著　　者／余莖芳　舒靜
出 版 者／揚智文化事業股份有限公司
發 行 人／葉忠賢
總 編 輯／孟樊
執行編輯／范維君
登 記 證／局版北市業字第 1117 號
地　　址／台北市新生南路三段 88 號 5 樓之六
電　　話／886-2-23660309　886-2-23660313
傳　　真／886-2-23660310
印　　刷／偉勵彩色印刷股份有限公司
法律顧問／北辰著作權事務所　蕭雄淋律師
初版一刷／1999 年 2 月
ISBN ／957-8637-78-0
定　　價／新台幣 250 元
劃撥帳號／14534976

南區總經銷／昱泓圖書有限公司
地　　址／嘉義市通化四街 45 號
電　　話／886-5-2311949　886-5-2311572
傳　　真／886-5-2311002

E-mail: ufx0309@ms13.hinet.net

國家圖書館出版品預行編目資料

李清照的人生哲學：婉約人生／余茝芳 ，舒靜著.
-- 初版. -- 台北市：揚智文化，1999 [民 88]
面； 公分. -- （中國人生叢書；17）

ISBN 957-8637-78-0（平裝）

1.（宋）李清照 – 傳記 2.（宋）李清照 – 學術思想 – 哲學

782.8521 87015917